ARNAUD BARON

L'IDÉE DE LA COMMUNE

PARIS

AUGUSTE GHIO, ÉDITEUR

1, 3, 5 & 7, Galerie d'Orléans

PALAIS-ROYAL

1879.

Orléans. — Imp. Ch. CONSTANT.

L'IDÉE
DE LA
COMMUNE

ARNAUD BARON

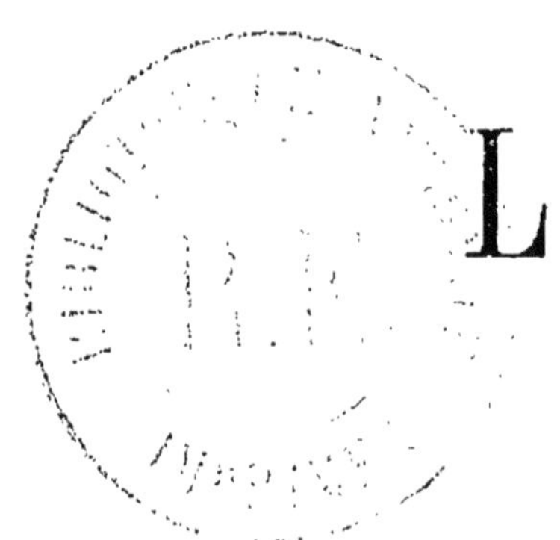

L'IDÉE DE LA COMMUNE

PARIS
AUGUSTE GHIO, ÉDITEUR
1, 3, 5 & 7, Galerie d'Orléans
PALAIS-ROYAL
1879.

L'IDÉE
DE LA
COMMUNE

PRÉAMBULE.

Le Socialisme compte aujourd'hui des adeptes dans toutes les parties du monde. « Le Socialisme, a dit l'un d'eux, est descendu dans la rue, dans les réunions, dans les ateliers, sous les plus humbles réduits ; comme le Christianisme dans ses beaux jours de propagande, il est partout prêché, partout discuté ; il est devenu la moderne bonne nouvelle.[1] »

Les attentats de Hædel, de Nobiling, de Vera Nassoulich, de Moncasi, de Passamante de Solowief ont étonné, effrayé le monde. La bourgeoisie moderne endormie dans le bien-être, et, dans des rêves égoïstes de prospérité financière, s'est vue avec stupeur minée par une maladie dont elle ne soupçonnait pas l'existence. Ses frayeurs se sont avivées de ses ignorances. Aussi beaucoup de personnes désirent-elles se faire des idées précises, au sujet de celles d'une secte qui menace d'ébranler de fond en comble la société moderne. Nous allons, les ouvrages

(1) Malon.

de ses théoriciens et de ses vulgarisateurs en main, exposer froidement et impartialement ses doctrines et nous en présenterons ensuite la critique.

EXPOSÉ DES GRIEFS.

Le Socialisme n'est pas une invention des modernes. On en trouve des traces dans Homère. Il est sûrement plus ancien. Au sein des cités les plus florissantes il s'est toujours trouvé des malheureux ; toujours aussi, il s'est trouvé des hommes qui pour soulager ces souffrances ont rêvé des cités modèles. Platon a inventé une République de magistrats, d'agriculteurs et de guerriers. La poétique imagination de Fénelon s'est complu à organiser l'innocente bergerie de Salente. Mais jamais, il le faut avouer, le monde n'a compté plus de réformateurs que pendant la première période de ce siècle. A Babœuf rêvant au milieu de notre civilisation raffinée le rude communisme de Sparte, (1) a succédé Fourrier, et son phalanstère, à Fourrier Saint-Simon et ses banques, à Saint-Simon Cabet et son Icarie, à Cabet Proudhon et son mutuellisme. Je ne parle pas d'Auguste Comte dont la réforme est purement religieuse et morale. Louis Blanc, le docteur Guépin sont bien vivants encore (1871) si Considérant n'est plus qu'une ombre. Le grand silence de l'Empire mit fin aux orageuses discussions, aux bruyantes invectives des disciples de ces différentes écoles, à l'écœurement universel. Il semblait que Jacques Bonhomme préférât désormais ses choux à ce stérile tapage. Il n'en est rien. Ses aspirations se réveillent avec plus de force que jamais. La génération désillusionnée est mainte-

(1) J'avoue que Cléomène m'étonne, et que le rétablissement des lois de Lycurgue 800 ans après la disparution des circonstances qui les rendaient possibles, me semble bien extraordinaire. Je soupçonne là quelque exagération.

nant descendue dans la tombe. Une nouvelle école, ne gardant des utopies de la première partie du siècle que le rêve d'une paix universelle, supprimant d'ailleurs tout culte, tolérant à peine les arts comme entachés de vaine sentimentalité, se croit en mesure de satisfaire ces aspirations. La Commune-alvéole, est selon elle, la synthèse des idées pratiques et modernes des écoles précédentes. Ecoutons d'abord les réclamations de ceux qu'elle se charge de satisfaire.

La Commune recrute ses chefs parmi les employés mécontents et les déclassés. Les ouvriers lui fournissent la meilleure partie de ses troupes. Les ouvriers se plaignent d'être la proie des capitalistes. M. Depæpe l'un des principaux écrivains socialistes distingue trois périodes dans l'industrie. Dans la premiére, dit-il, le patron était aussi un ouvrier ; il ajoutait son travail à celui de ses machines et de ses ouvriers. Alors il dépensait peu pour lui-même et pour ses plaisirs, ce qui est, par M. Depæpe, consommer improductivement. Il dépensait au contraire pour ses travaux et ses ouvriers la plus grande partie de son argent : il consommait beaucoup pour reproduire. La partie qui se capitalisait, oscillait entre les deux autres. Grâce aux progrès des sciences, les machines se perfectionnèrent. Leur entretien devint beaucoup moins coûteux que celui des employés et elles rapportèrent beaucoup plus. Dès lors la part de l'ouvrier commença à diminuer. Le propriétaire dépensa beaucoup plus pour lui sans que pour cela son capital cessât de s'accumuler. Les machines se perfectionnèrent encore ; la division du travail alla se raffinant de jour en jour ; la production fut énorme et n'eut plus pour débouchés que le marché universel. De là le besoin d'une circulation plus rapide des marchandises et spécialement de la marchandise qui sert de mesure pour les autres, de la monnaie. Ce besoin de la production moderne est exploité par la spéculation financière qui attire à elle tous les capitaux disponibles pour les faire fructifier *dans les grandes entreprises d'utilité publique.* C'est la troisième période de l'industrie, le règne de la féodalité financière. La partie que les capitalistes dépensent productivement en salaires et entretiens de machines devient la moindre. Celle qu'ils accumulent ou capitalisent devient la plus forte, et celle qu'ils consomment improductivement ne tient que le milieu entre les deux autres, malgré leur faste et leurs folles prodigalités. (1) (Depæpe. Internationale du 31 octobre 1869).

Voici maintenant pour l'agriculture.

Dans le manifeste des sections allemandes de Genève aux travailleurs des campagnes M. Becker estime que partout le capitaliste accapare le sol, aussi bien en France « où l'acquisition d'un petit coin de terre était pour le paysan une religion » que dans tout le reste de l'Europe. L'originine du mal, selon lui, est que le prix des subsistances a augmenté de 25 0/0 ou même de 50 0/0 depuis vingt ans, sans que le travailleur, salarié ou petit propriétaire, retire de ses pro-

(1) L'on voit que M. Depæpe s'occupe surtout des souffrances des ouvriers industriels, car les prodigalités des riches ne sont pas improductives pour tout le monde.

duits un gain plus considérable qu'autrefois. La différence qui est énorme « coule dans les poches des spéculateurs et des gros propriétaires qui ne sont aussi que des spéculateurs dans leur genre. » La valeur des terres arables françaises a été évaluée à 48 milliards, « mais ces terres sont grevées de 12 milliards de dettes hypothécaires ; en sorte qu'il y a un quart du sol qui n'appartient que de nom à ceux qui dans leur orgueil de propriétaires, *s'échinent* à le cultiver et n'en retirent guère pour eux-mêmes que 2 0/0 tandis qu'ils paient à leurs créanciers, *qui* pendant ce temps reposent sur des coussins leurs membres oisifs, un intérêt d'au moins 5 0/0. » De là beaucoup de faillites et de ventes aux enchères, et le rachat à moindre prix des biens du petit propriétaire par le gros. En sorte « que dans un avenir peu éloigné, une partie de la population des campagnes y sera réduite à la condition de simples travailleurs salariés, tandis que le reste ira accroître le prolétariat de l'industrie et la misère des villes. » M. Becker prend pour prototype le canton de Berne dont il y a vingt ou trente ans l'aisance était proverbiale « il y a eu en quatre ans 8,390 ventes aux enchères pendant que les gros bonnets du pays créaient banques sur banques, soi-disant pour venir en aide aux agriculteurs et aux petits industriels, en réalité pour s'enrichir de leurs dépouilles. » Dans la Grande-Bretagne « la situation est pire ; en effet l'on y comptait, en 1770, 250,000 propriétaires fonciers, aujourd'hui l'on en compte 30,000 à peine et sur ce nombre il en revient 6,000 à l'Irlande : En Ecosse le quart du territoire du pays est la propriété de cinq particuliers. M. Becker ajoute que « les registres d'impôt présentés à la Chambre des communes, établissent que trois mille particuliers se partagent à eux seuls un revenu de 25 millions de livres sterlings (625 millions de francs) somme plus considérable que le revenu agricole de toute l'Angleterre et du pays de Galles. De 1851 à 1861 (je cite toujours) la concentration de la propriété foncière dans un petit nombre de mains a augmenté dans la proportion de 11 0/0. Dans un meeting tenu à Londres le 13 octobre 1869, où fut fondée une ligue de travailleurs de l'agriculture, un orateur a signalé le fait suivant : l'aristocratie terrienne en Angleterre, compte cinq mille individus et ces cinq mille individus reçoivent chaque année de leurs fermiers une somme de deux milliards sept cent cinquante millions de francs, soit pour chacun d'eux un revenu moyen de 550,000 francs. Et M. Becker ajoute en manière de conclusion : « vous savez maintenant où il faut chercher les grands voleurs, et que vous n'en trouverez guère de semblables dans les maisons de correction ! »

Ainsi, soit dans l'industrie, soit dans l'agriculture, « les bénéfices prélevés par « le capital croissent de plus en plus ; la « part du travail décroît ; car si le salaire « nominal s'est accru pour certains ouvriers, « le salaire réel a diminué à cause de la « cherté des vivres. La plupart des tra- « vailleurs, loin de gagner assez d'argent « pour faire donner à leurs enfants l'ins- « truction nécessaire, ne peuvent même « pas les nourrir malgré la vaine prescrip- « tion de la loi, et sont obligés pour aug- « menter les ressources insuffisantes de la

« famille de les livrer dès leur bas-âge aux « dents de l'industrialisme. »

Les femmes qui ne se trouvent point à l'aise dans notre société moderne, sont de deux sortes. Il y a les philosophes, qui veulent l'affranchissement de la femme, l'abolition du mariage, ou tout au moins le divorce, et le droit pour la plus belle moitié du genre humain d'être électrices et éligibles. En somme, elles remuent peu les esprits, et n'était le grand désir qui les poinct de tourner à elles les regards du monde, elles feraient ce que Cicéron conseille de faire à l'orateur qui n'a pas d'auditeurs : elles se tairaient. Cependant nous parlerons du divorce dans notre conclusion.

Les autres sont des ouvrières : « Le misérable sort, disent-elles, que celui de la femme dans votre société moderne ! L'esclavage valait plus. Ecoutez un peu nos *infortunes !*

Les ouvrières qui peuvent acheter une mécanique, gagnent 5 fr. par jour. Mais on les compte. Ce sont les aristocrates du travail. Plus aristocrate encore est l'essayeuse qui dans un magasin de robes de Paris, gagne quelquefois 5 fr. et sa nourriture. Une bonne ouvrière en robes reçoit de 3 fr. à 3 fr. 50 c. sans la nourriture. Il faut, il est vrai, n'être qu'une novice, une apprentie, pour ne gagner que 1 fr. 50 c. Le salaire d'une corsetière est de 1 fr. 50 c. à 3 fr. par jour; celui d'une piqueuse de bottines de 1 fr. à 2 fr. 50 c.; celui d'une couturière de 2 fr. à 2 fr. 50 c. sans la nourriture; si elle est nourrie son salaire ne dépasse pas 1 fr. celui d'une blanchisseuse varie entre 2 fr. et 2 fr. 50 c. ; celui d'une laveuse est de 2 fr. (Un bonnet lavé rapporte 5 sous). L'on donne à une chemisière 1 fr. 50 c. d'une chemise; elle n'en peut confectionner qu'une dans sa journée ! Les chemises d'enfant sont payées 0 fr. 25 c. à l'ouvrière ! Il ne faut parler que pour mémoire du métier de brodeuse ! Une brodeuse pouvait autrefois gagner 3 fr. par jour. Aujourd'hui l'on ne brode plus qu'à la mécanique. Lorsque la lingère travaille au dehors elle touche de 1 fr. à 2 fr. Un corps de fichu payé 0 fr. 25 c. est considéré comme bien payé; quelquefois l'on n'en donne qu'un sou, un sou et demi. Beaucoup de lingères ne gagnent que 0 fr. 50 c. dans leur journée !! C'est que les couvents, les prisons, travaillent pour rien, font baisser le prix de la main d'œuvre. L'ouvrière qui demeure chez elle, est victime de chômages plus ou moins fréquents. Si elle n'a pas de bonne clientèle, elle doit laisser là, son ménage, ses enfants et travailler au dehors. Avec ces prix dérisoires, quand une ouvrière est veuve ou (cas malheureusement trop fréquent) lorsque le mari boit, et ne rapporte que peu de chose de sa paie à la maison, l'ouvrière tombe dans la misère noire et n'a d'autre asile que la prostitution. Tel est pour la femme pauvre, le dernier mot de la société bourgeoise du XIXe siècle ! Plus une ville compte de manufactures, plus elle compte de prostituées ! Quelques égoïstes s'arrondissent des souffrances des autres. D'autre part, la patricienne, cette végétation inutile, dépense en bijoux, parures, plaisirs, les ressources qui feraient vivre aisément vingt familles. Son luxe est une insulte à la femme du peuple en même temps qu'une excitation à la débauche. Le temps des poupées aristocratiques devrait être passé. »

Les hommes généralement beaucoup mieux rétribués se plaignent davantage : « Chez nous, disent-ils, il y a des rois. Il est des lithographes qui gagnent jusqu'à 30 f., 40 fr. par jour. Un bon mécanicien gagne 12 fr. Un bon bijoutier 12 ou 13 fr., quelquefois même davantage. Mais la moyenne des salaires dans la lithographie est de 5 f. à 6 fr. Beaucoup de petits mécaniciens, de petits bijoutiers, ne gagnent que 3 fr. ou 4 fr. Si la journée d'un typographe journaliste est de 9 fr. à 10 fr., celle d'un typographe ordinaire est de 5 fr. Le prote reçoit davantage, mais sa responsabilité est plus grande. Un des états qui ont le plus à souffrir du chômage est celui de tailleur. La moyenne des journées y est de 5 fr à 6 fr. Un ouvrier ébéniste reçoit 6 fr. par jour, un charpentier 6 fr. à 7 fr. un doreur 5 fr., un colleur en papiers 5 fr. un serrurier 5 fr. 50 c., un menuisier 5 fr. 50 c. aussi ; de même encore le maçon. Le peintre en batiment percevant 0 fr. 70 c. de l'heure, gagne en moyenne 5 fr. par jour. Il faut du gain défalquer les jours de chômage. La journée d'un cordonnier est de 4 à 5 fr. Il ne peut faire plus d'une paire de bottines dans sa journée. Le manouvrier qui à la campagne gagne de 1 fr. 50 c. à 2 fr. 50 par jour, ne saurait à Paris recevoir moins de 4 fr. Avec moins il ne pourrait vivre.

L'existence d'un ouvrier garçon, qui gagne 4 fr. est déjà difficile. En effet il vit au dehors ; il ne peut dépenser moins de 1 fr. par repas. Cela même est peu de chose, pour un homme dont le labeur est rude. Que lui reste-t-il pour se vêtir et se loger ? S'il a une femme et deux enfants, il dépense entre 150 fr. et 200 fr. par an pour « se nicher ». Il est dans la misère ! Combien cependant ne les gagnent pas ces 4 fr. par jour ! Ceux qui gagnent moins sont dans un état d'insurrection latente ! En résumé, l'ouvrier est la victime des propriétaires, des tâcherons, du capital ! « Cela ne peut durer ! » Au dessus des ouvriers et peut-être au dessous, se placent les employés du commerce en gros. « L'employé de gros, disent-ils, est assujeti à un apprentissage qui dure 2 ou 3 ans. Pendant ce temps il ne reçoit aucun salaire. Bien au contraire, il paie sa nourriture. De 20 à à 25 ans, il gagne de 1,200 fr. à 1,500 fr. Il n'est pas nourri. Il peut gagner ensuite de 3,000 fr. à 6,000 fr. en restant de 6 à 20 ans dans la même maison ! Assurément la moyenne de nos traitements ne dépasse pas 2,000 fr. Le labeur est rude ; si le magasin, il est vrai, ferme d'assez bonne heure; si l'employé ne travaille pas le dimanche ; il doit après la fermeture du magasin, expédier ses commissions, régler toutes ses affaires. Dans le commerce au détail l'on est mieux payé. Le traitement maximun y est de 6,000 fr. le traitement minimun de 500 à 600 fr. La moyenne est de 1,200 fr. les employés sont nourris. C'est à Paris, un très grand avantage ! « Sans doute, répondent les employés du commerce au détail, mais chez nous 4 ans d'apprentissage sont nécessaires. Ceux qui gagnent 6,000 fr. ont demeuré 15 ou 20 ans dans la même maison. Les gros traitements de quelques employés du Bon-Marché et du Louvre, sont de véritables exceptions, des phénomènes. Ces traitements sont ceux de gens, qui participaient dans l'origine aux bénéfices, et qui grâce à la prospérité fabuleuse de ces deux maisons ont cru demésurément. Quand ces employés partent pour un motif ou pour un autre, on les remplace par des employés beaucoup moins appointés.

Il ne faut pas seulement considérer les heureux, « ceux qui sont arrivés » ; à côté des employés « à demeure » l'on embauche à l'approche « de la saison » des employés « ambulants », que l'on renvoie la saison passée. Pour tous, les frais de toilette sont importants. L'employé doit être propre, coquet même. Pour tous également, si l'on excepte les placiers, la liberté est nulle : (1)

Les patrons ont-ils le droit de par leur capital de pressurer les employés pour en extraire tout le travail possible ? ont-ils le droit de leur refuser comme à de véritables brutes toute récréation intellectuelle ? (2), Non contents d'acheter meubles, chevaux.

---

(1) L'on se souvient que la grève des commis de nouveautés (laquelle d'ailleurs n'aboutit pas) avait pour but la suppression du travail du Dimanche.

(2) Dans l'épicerie le travail est considérable, peu retribué. Mais les frais de toilette sont peu impor-

voitures, maisons de campagne, les patrons se font aussi décerner les récompenses que méritent seuls les inventeurs des modèles. L'exploitation des honneurs marche de pair avec l'exploitation des intérêts. N'est-ce pas un reste de la féodalité, ou même de l'antique servitude, que ces talents de l'employé allant grossir le bagage déjà si lourd du patron, du dominus ? (1). Une des plaies du commerce, c'est que l'employé qui gagne 6,000 fr. dans une maison après 15 ou 20 ans de services, peut être congédié du jour au lendemain et rentrer à de bien moindres conditions dans une autre maison ! Ainsi, instabilité dans la position, traitements souvent dérisoires, privation de liberté presque absolue, tels sont les maux que les privi-

---

tants. Dans les banques après le chef de bureau qui reçoit de 4 à 6,000 fr. de traitement, les employés reçoivent de 1,500 fr. à 1,800 fr., comme les garçons de bureau.

(1) Cependant sans demander la liquidation sociale, les patrons se plaignent eux aussi : de l'impôt sur les transports, de l'impôt sur les machines, de l'impôt sur les matières premières, des traités de commerce. Beaucoup demandent à grands cris la protection de l'état contre la concurrence internationale.

légiés du Capital infligent à leurs instruments sans défense. Seule l'organisation du travail peut remédier à tant de souffrances, affranchir tant d'esclaves ! » Prêtons maintenant l'oreille aux doléances des employées! « Une demoiselle de magasin de gros peut ne gagner que 50 fr. par mois ! Elle est nourrie, il est vrai. Rares sont les employées qui gagnent 3,000 fr. avec leur nourriture. La journée d'une demoiselle de magasin dans le gros s'étend de 9 heures du matin à 9 h. du soir. Dans le détail, la journée est plus longue, (de 8 heures du matin à 10 heures du soir). Mais, les traitements des dames y sont, comme ceux des hommes, plus forts que dans le commerce de gros. En comptant la guelde (ou geld?) c'est-à-dire, la participation aux bénéfices inattendus, que procure la vente des rossignols ou marchandises défraichies et passées de mode, (1) la moyenne est de 900 fr. avec la nourriture. Le travail est pénible. Les frais de toilette souvent considérables ! » Ajoutons que les belles choses au milieu desquelles elles

(1) C'est un véritable abus de confiance. Des gens honnêtes ailleurs, vous disent fort ingénûment que

vivent inspirent aux employées des idées de luxe et de bien être au dessus de leur condition. Aussi leur vertu court-elle de sérieux dangers. Les patrons, démentant ici, parait-il, notre antique renommée de courtoisie, ne leur ménagent point ces épithètes dont leurs oreilles s'offensent à bon droit. Les patrons de leur côté assurent qu'ils préféreraient conduire des recrues à l'honneur délicat de conduire des femmes. Quand elles se bandent contre eux, ils ne peuvent triompher de leur souple inertie, et manquent des affaires parfois considérables !

Les employés de l'Etat se plaignent « de gagner en 1879 les appointements de 1806 alors que le prix de toutes choses a augmenté dans la proportion de25 0/0 voire de 50 0/0. Chacun sait disent-ils, « que la carrière administrative est la

---

le commerce est un vol organisé. Cet état de ruse et de violence est un des principaux arguments des partisans de l'organisation du commerce. Fourrier a conçu la première idée du phalanstère, en voyant son patron jeter dans le port de Marseille des grains qu'il n'avait pu vendre, plutôt que de les céder à vil prix et d'en faire ainsi baisser la valeur.

pire de toutes les carrières. Un long surnumérariat suivi d'augmentations de traitement lentes et dérisoires, avec l'espérance d'une retraite à laquelle beaucoup n'atteignent pas, tel est le bilan de la carrière administrative, dans laquelle nous jettent des parents timorés et une éducation qui ne nous mène à aucun métier. Le pire des servages est d'être enchaîné à une besogne dont avec un peu d'exercice tout le monde est capable. L'esclave est rivé à sa chaîne. Du moins devrait-on le payer en conséquence! A la préfecture de police pas n'est besoin de surnumérariat, il est vrai; pourvu que le candidat admis à la suite du concours, ait satisfait à la loi militaire, d'ores et déjà il gagne 150 fr. par mois ; un peu moins que l'ouvrier qui gagne 5 fr. par jour ; car tous les mois n'ont pas que 30 jours et il y a des années bissextiles. (1).

(1) A la Préfecture de police, le plus fort traitement d'employé est de 4,000 fr ; de plus l'employé doit être bien mis ! il y a 20 chefs de bureau appointés de 6,000 à 8,000 fr. ; trois chefs de division appointés de 12,000 à 14.000 fr. Après trente ans de services, la retraite. Le traitement du retraité est la moyenne des 3 dernières années de service. L'on n'avance que s'il se présente des vacances. C'est à peu de choses près ainsi dans toutes les administrations de l'Etat.

Jeunes français ! gardez-vous de la misère administrative, en attendant le jour où les fonctionnaires seront payés selon leurs mérites, et cesseront d'être le grain de millet au fond du mortier administratif, l'homo-sacer des Latins ! »

« L'Etat se pique de protéger les animaux ; il y a des sociétés et des lois pour les chevaux, les mulets, les bœufs, et même pour les insectes utiles. Sommes-nous moins intéressants que toutes ces bêtes ? » Qui sont ceux qui parlent ainsi ? Les maîtres d'études, « Peut-on songer sans frémir qu'un maître d'études d'un lycée de province, reste depuis le samedi soir à 4 heures jusqu'au lundi suivant à 8 heures du matin, rivé à de mauvais garnements, sans avoir une minute pour respirer? Dante a-t-il jamais imaginé une aussi affreuse torture ? Les parents qui rient des bons tours, dont souvent le pion est la victime, se rendent-ils compte des souffrances d'un malheureux, qui doit se défendre contre 60 ou 80 malfaiteurs inconscients, qui s'excitent mutuellement à commettre des actes dont ils rougiraient individuellement, et trouvent dans leur nombre, l'irresponsabilité, tout comme de véritables députés ! Les malheureux maîtres ! ils ne sont libres que pendant les heures des classes ! de 8 heures à 10 heures le matin, de 2 heures à 4 heures le soir ! Encore doivent-ils assister aux conférences que leur fait un professeur pour les préparer à la licence ! Quelle dérision ! Le proviseur leur interdit le plus souvent de travailler pendant les heures d'études ! Alors il leur faudrait étudier pendant les 17 heures de liberté qui leur restent ? (car le jeudi, ils retrouvent l'enfer du Dimanche). Les privilégiés de l'Ecole normale ont soigneusement pris toutes leurs précautions pour fermer aux autres toutes les avenues. Il n'y a pas longtemps que ces derniers ne pouvaient se présenter à l'agrégation avant l'âge de 25 ans ! Cette interdiction barbare est levée ; mais les non normaliens n'en sont pas plus reçus pour cela avant 30 ans, quelque soit leur mérite. Et le premier candidat est toujours un normalien, méritat-il vingt fois de n'être que le deuxième ! Est-ce que le joug odieux d'une société cynique, abusant des forces que lui donnent ses richesses, se fait en quelque endroit plus brutalement sentir qu'ici ? L'Etat ne pourrait-il nous élargir, et diminuer même nos maigres appointements pour augmenter nos loisirs et nous permettre de sortir de la Géhenne ? (1).

Est-il étonnant que nous devenions haineux, méchants, misanthropes? que nous rêvions le bouleversement d'un état social qui pèse sur nous si cruellement ? »
Le maître d'études des pensions particulières est plus maltraité par les enfants que celui des lycées parce que la discipline y est moindre. Le plus souvent c'est un étudiant en droit ou en médecine, un déshérité ambitieux, qui s'achemine douloureusement à travers les iniquités de la société moderne vers un avenir sans clientèle.

---

(1) Souvent le maître d'études est abandonné de ses protecteurs naturels. J'ai connu un proviseur surnommé l'inclément qui même les insultait. Tel autre, comme M. D... qui a porté jadis un si rude coup à la prospérité du lycée de Douai, substitue les caprices du despote à la règle administrative et aggrave le triste sort des maîtres d'études pour favoriser ses créatures.

Pauvre maître d'études ! pauvre pion ! la société mal équilibrée, composé de riches sans intelligence et d'hommes d'esprit sans le sou, fait de toi un esclave libéral et un tyran révolutionnaire ! » (1).

Certes le professeur de l'université est plus heureux mille fois que le maître d'études. « Pourtant il est plus libéral que libre ! Il se lasse d'être mal payé (1) ; de rouler éternellement le rocher du vers latin. Tant de collègues après avoir jeté la robe aux orties ont réussi à atteindre à la fortune et à la gloire ! Serait-ce en vain que l'on a aiguisé en lui la faculté de sentir, de penser, de s'exprimer ? Sera-t-il éternellement « l'homme du lycée ? » Hé ! quoi ! il lui sera à jamais défendu d'écrire sur les questions qui agitent les hommes de son temps ! Hé quoi ! il tournera éternellement

---

(1) Beaucoup de chefs de la commune sont sortis des rangs des maîtres d'études, des petits chefs d'institution, notamment J. Vallès, Urbain. Les sous-maitresses ont aussi fourni beaucoup d'oratrices à l'insurrection. En temps ordinaire elles se plaignent moins que les hommes.

(1) Le traitement d'un chargé de cours est de 2,300 fr. celui de l'agrégé est de 3,000. Quand

dans le cercle des 3 grands siècles littéraires, ayant pour tout champ d'activité des commentaires de plus en plus subtils? Il ne devra être ni citoyen, ni philosophe, ni littérateur, ni quoi que ce soit, il demeurera à la merci du recteur, du préfet, de l'inspecteur d'Académie, de l'évêque, du proviseur, du censeur (1) des parents, des élèves, des désœuvrés, pour 2300 ou 3000 f. par an, et une retraite ridicule après trente ans de galères et soixante ans d'âge, sorte d'eunuque intellectuel, sorte d'esclave antique instruit aux frais du maître pour enseigner le grec aux marmots de la maison! « Quittons cet amas de gens de toute provenance, sans foi commune, sans cohésion, sans énergie, cette image trop fidèle

---

le professeur se trouve dans une ville où abondent les leçons, il gagne quelque argent (il est vrai qu'il n'étudie plus) sinon, c'est selon l'élégante expression de M. Duruy, la misère en habit noir, surtout s'il est marié et père de famille.

(1) Le proviseur et le censeur sont le plus souvent inférieurs aux hommes qu'ils sont chargés de contrôler. De là de basses jalousies et des disgrâces qui tombent du ciel sur le malheureux professeur. Le Jupiter de la rue St-Dominique ressemble à celui de Lucrèce. Sa foudre parfois s'égare.

d'une époque qui se meurt d'anarchie intellectuelle! Evadons-nous!... » A peine évadé de l'enfer du Solécisme et du Barbarisme, le professeur recommence à se plaindre de plus belle. « La presse n'est pas du tout l'agréable et fructueuse carrière qu'il espérait! L'on y meurt de faim ou l'on y est entrainé à des compromissions qui répugnent aux droites consciences. Les brûlantes exhortations des journalistes à la jeunesse, sont comme leurs lamentations sur la stérilité de notre temps, de pures déclamations. C'est leur gagne pain! Bien fol qui s'y laisse prendre! L'Enseignement libre est un des plus rudes métiers que l'on puisse rêver. L'enseignement libre placé entre les Jésuites et l'Etat, végète, et n'a guère d'autre liberté que celle de mourir! Tantôt le professeur (l'esclave antique) est accablé de leçons, tantôt il est sur le point de mourir de faim. Avec cela des infirmités et point de retraite en perspective! L'université était cent fois préférable! »

« Sans doute, le métier présente des inconvénients, mais avec quelque talent, un consciencieux travail, de la conduite, l'on vit encore dans l'enseignement libre. Tant pis pour les étudiants en médecine ou en droit de 15e année qui s'intitulent professeurs faute de mieux et promènent tristement leurs bottes éculées et leur désespoir d'assommoir en assommoir ! L'enseignement libre est préférable à l'industrie. » Qui parle ainsi ? — L'Elève de l'école centrale, l'ingénieur, « las de se déguiser en chauffeur sur les locomotives, ou de gagner comme sous chef d'usine de 250 à 300 fr. par mois, pour un travail qui dure depuis 4 heures du matin jusqu'à 7 heures du soir ! Les chefs d'usine sont peu scrupuleux, s'entendent entre eux pour abreuver de déboires ces malheureux ingénieurs ! (1) » Les plaintes les plus âpres sont avec celles des ouvriers et des maîtres d'études, celles des déclassés qui rêvant l'illustration soit dans la politique soit dans le domaine des arts et

(1) Le chef d'usine répond à cela : « Que m'importe que M. un tel soit ingénieur. Je le paie pour les services qu'il me rend et non pour sa science dont je n'ai cure. Un bon contre-maître habitué aux travaux de mon usine me rend autant de service et je le paie moins.

de la littérature, n'ont pas voulu prendre un métier pour vivre ;

« Un gagne pain quelconque, un métier de valet,
« Soulevant sur leur lèvre un rire inextinguible. »

L'Etat ne fait rien pour eux. La camaraderie leur barre toutes les routes !

« Nul n'aura de l'esprit hors nous et nos amis ! »

Par la camaraderie, tel professeur est parvenu à tout pour avoir obtenu en seconde, à l'âge de 15 ans un prix de vers latins ; encore avait-il copié la moitié de son démarquage plus ou moins adroit sur un devancier inconnu des examinateurs. Tel autre a des idées, a fait un livre. La proscription l'attend : « c'est un écrivailleur ! » Cette camaraderie de l'Ecole Normale subsiste même dans la littérature ! «Nos professeurs ! » dit pédantesquement Sarcey, qui ne fut jamais qu'un méchant professeur de 3e et dont l'athéisme grossier fait les délices des commis-voyageurs ! Il en est de même partout. Hoche mourrait capitaine : il n'est pas comme Lebœuf sorti de l'école polytechnique ! Toutes les récompenses du salon, tous les encouragements des ministres vont aux « médaillards » de la villa médicis.

Qui ne connait « la Société de l'oignon ? » Qui ne se rappelle que Napoléon III menaça les membres de l'Institut « de fermer leur boîte » s'ils persistaient à trouver Eugène Delacroix trop petit homme pour eux ? (1) Toutes les récompenses, tous les encouragements sont donnés aux arts plastiques, matériels, s'écrient poètes, dramaturges, romanciers. (Je parle de ceux qui ne sont pas arrivés, comme l'on dit). Les journaux, organisés par des millionnaires en quête de la députation, rédigés par des faméliques à leur merci, font le silence autour des œuvres de valeur ! Le sacerdoce du journaliste est une sinistre plaisanterie ! Un mot d'un critique influent nous donnerait la vie, mais ce mot, il ne le dira pas ! (2) Ces soi-disant

---

(1) Tout cela nous montre que l'ère de l'organisation, des corporations, des associations ne sera pas encore l'âge d'or au moins pour tous, si jamais elle doit briller sur le monde.

(2) Balzac. Ce qui prouve que cet homme dont on espère tout, cet être perfectible à l'infini n'a encore su organiser que l'envie !

ateliers de justice et de vérité, sont des ateliers de corruption. C'est en vain que ces comédiens prétendent que le génie ne peut plus être méconnu. Plus d'un vrai poète est mort sans avoir trouvé un imprimeur ! Si d'aventure il en trouve un, ce n'est pas leur faute ! Ils aimeraient mieux mourir que de desserrer les dents ! Les aristocrates, les bourgeois, jaloux de conserver le monopole des idées distinguées, ont poursuivi Jean-Baptiste Rousseau et Gilbert jusque dans la mort ! Gilbert a maudit la vanité homicide de ses parents ; sans doute ces reproches sont déplacés, mais ce n'est qu'une débauche d'esprit. J.-Baptiste Rousseau aurait écrit d'infâmes couplets (dont il a répudié la paternité jusqu'à son lit de mort). Qu'est-ce que ce méfait, fut-il prouvé, et il ne l'est pas, à côté des crimes des Louis XIV, des Louis XV, des Napoléons ? à côté des infamies que commettent impunément les gens riches ? Songe-t-on que le grand Condé de concert avec son fils a dépouillé la princesse sa femme, et l'a fait enfermer dans le château de Chateauroux ? Cependant malgré cette villenie et d'autres plus retentissantes, jamais aristocrates ni bourgeois n'ont songé à lui contester son titre de grand homme ! tant il est vrai que les riches sont encore envieux du talent du pauvre ; tant il est vrai qu'il est bon d'être le plus fort, et que même notre société moderne ne reconnaît d'autre droit que la force !

Les théâtres ne s'ouvrent qu'aux auteurs connus et même illustres. L'Académie n'a jamais servi à autre chose qu'à faire mourir Gilbert de faim, l'Institut qu'à faire échouer l'expédition de Boulogne ! Ces deux corps n'encouragent que les millionnaires ! Jamais une héritière n'est donnée au talent naissant. Les Beulé sont des exceptions ! Les riches se marient entre eux, perpétuent l'exploitation. Depuis 500 ans des familles vivent dans l'oisiveté *nourries* par des familles vouées à l'hérédité de la misère ! Il est temps que les lentilles appartiennent à ceux qui les cultivent ! Les défenseurs-nés du sol s'exonèrent le plus souvent de sa défense, et envoient ceux qui n'ont rien se faire tuer pour défendre les propriétés des autres ! Ils s'allient à des familles étrangères ! La Patrie est un contrat tout à l'avantage des uns, tout au détriment des autres ! Cela peut-il durer ainsi? Toutes ces infamies sont-elles le dernier mot de la civilisation? Les prolétaires ont-ils versé leur sang à flots en Juin 1848 et en Mars 1871 pour ce résultat négatif? »

— Non ! répond la Commune, ou plutôt l'Internationale. « Dieu est mort ! Cette odieuse mystification, dont si longtemps ont véçu princes et prêtres, est balayée de la conscience humaine, où tant de séculaires efforts l'avaient enracinée ! Malheureux ! ne vous repaissez plus de consolations dérisoires ! faites rendre gorge aux voleurs ! L'antiquité de l'usurpation n'est qu'une aggravation du crime ! Plus de douaniers ! plus de gendarmes ! plus de concurrence ! Toutes ces vieilleries ont vécu ! Tendez-nous la main par dessus les frontières ! Nègre de l'usine, prends l'usine ! ilôte du champ, prends le champ ! et que le règne de la véritable égalité commence ! »

Telle est la clameur qui des ateliers, des mines, des usines, des mansardes, et disons le aussi des assommoirs, s'élève bruyante, farouche, menaçante ! La campagne, sauf en quelques endroits, ne s'associe encore que faiblement à ces plaintes ! mais elle y arrive. Examinons les remèdes préconisés par l'Internationale pour réaliser cette parole de Vermorel. « Dans notre société, il n'y aura pas de riches, mais il n'y aura pas non plus de pauvres ! »

BUT IMMÉDIAT.

Tout en attendant la complète réalisation du rêve socialiste, il faut imposer une fin aux souffrances des ouvriers industriels et agricoles ; il faut promptement remettre la terre entre les mains de ceux qui la cultivent, les machines aux mains de ceux qui les font mouvoir. De la sorte l'on préludera à l'organisation définitive de la Commune. Pour arriver à ce but immédiat, il est plusieurs voies. Des communalistes exhortent les petits propriétaires d'une commune « à s'unir dès maintenant pour constituer *une société de production ;* à mettre en commun terrains, bétail, immeubles, outillage de travail ; à s'associer les ouvriers non propriétaires, sauf à leur donner avec des droits égaux, la part du produit commun qui est nécessaire à leur entretien. Dans cette hypothèse l'on accorde aux petits propriétaires — jusqu'à ce qu'une organisation plus parfaite ait pu être constituée, une indemnité en rapport avec le capital qu'ils ont pu apporter à l'association. Le bénéfice net forme un fond social auquel ont droit *également* tous les membres de l'association. L'emploi en sera déterminé par un réglement. Dans les communes où les petits propriétaires par *aveuglement, égoïsme, esprit de routine* se refuseraient à faire partie de cette association, alors les ouvriers salariés doivent faire une ligue et réclamer énergiquement un terrain appartenant à l'Etat ou à l'Eglise, afin de le cultiver eux-mêmes en commun. Les ouvriers des usines en plus de leur salaire doivent exiger une part dans les bénéfices. » D'autres communalistes « préconisent le rachat des fermes et des usines par l'Etat, par la transformation du fermage en à compte par annuités, par un impôt de 25 0/0 sur toute succession testamentaire. » Ce sont là des moyens anodins et bien peu efficaces; il en faut convenir. Il en est d'autres que la Commune tient en réserve. « La liquidation à l'amiable étant rejetée par la bourgeoisie, les travailleurs armés procéderont à la liquidation forcée. L'on usera de l'expropriation pour utilité publique avec indemnité pour les petits propriétaires travailleurs, mais sans indemnité pour les riches oisifs et les seigneurs de la féodalité financière. Pour cela, il faut profiter de l'antagonisme actuel du capital et du travail, des résistances qu'il fait naître pour grouper et organiser les ouvriers, de manière à former un état ouvrier dans l'état. Les délégués des corporations ouvrières forment naturellement le noyau de l'administration de l'avenir ; les chefs d'atelier et les contre-maîtres forment non moins naturellement les cadres de cette armée divisée en ateliers, décuries, centuries. L'on profitera *d'une circonstance favorable pour* décréter l'abolition de la propriété foncière individuelle, l'inaliénabilité du sol ; et l'obligation pour les fermiers de payer désormais à l'Etat la rente payée jusqu'ici au propriétaire. Cette rente tiendra lieu d'impôt et servira à l'entretien des services publics. » C'est la dépossession pure et simple des gros propriétaires. Pour rendre l'entreprise plus facile, « l'on exemptera d'impôts pour toute sa vie le petit propriétaire qui travaille personnellement. C'est avec l'Etat propriétaire que le cultivateur fait un bail. Les associations auront naturellement la préférence, comme étant un acheminement vers l'établissement de la Commune définitive. Les baux sont résiliables. De peur que le petit propriétaire ne voie avec peine passer son champ à d'autres qu'à ses descendants, c'est avec ses fils que l'Etat renouvellera le bail de préférence. L'Etat prendra la rente foncière. » La plupart des écrivains communalistes ou collectivistes préfèreraient remettre purement et simplement la propriété du territoire de la Commune entre les mains du conseil communal qui procèderait de façon à amener peu à peu « la collectivité des terres et des outils. » Les plus pratiques ou mieux, les plus défiants, dans la crainte de ne pas voir les conseils municipaux donner les mains au bonheur de l'humanité, s'en tiennent au premier moyen, à la dictature de l'Etat, appuyée sur le peuple en armes des grands centres. Les Socialistes Russes, les nihilistes (de nihil rien) pensent que pour rendre possible l'établissement du nouvel ordre Social, la destruction de toute hiérarchie est nécessaire. Ils veulent refaire le monde à neuf. Une immense tempête doit balayer l'Europe, tordant tout sous son passage, inégalités de naissance et de fortune. C'est l'application du « mot » de Rochefort qui semblait une plaisanterie de vaudevilliste : « il n'y a rien et personne n'est chargé d'appliquer le présent décret ! »

LA COMMUNE-ALVÉOLE.

Les écrivains communalistes n'ont pas, que je sache, fait un plan complet de leur cité future, de la Commune-Alvéole ; mais d'après les premières données, il est facile d'en deviner l'ensemble. Certains niveleurs pour lesquels, comme pour Proudhon, « le talent est d'ordinaire l'attribut d'une nature disgraciée, en qui l'inharmonie des aptitudes produit une spécialité extraordinaire monstrueuse, estimant d'ailleurs avec Malherbe « qu'un bon poète n'est pas plus utile à l'Etat qu'un bon joueur de boules, et que les artistes sont gens inutiles, parasites, vivant aux dépens du public et sentant leur monarchie, voudraient voir disparaître littérateurs, musiciens, sculpteurs, et en général tout ce qui est contraire à l'établissement de l'égalité parmi les hommes. Pour ce qui est des savants, ils pensent que les sciences ne comportent plus que des applications et qu'elles ont dit leur dernier mot. Donc quelques corps de métiers nécessaires, dans lesquels tout le monde serait réparti, et recevrait des salaires égaux, tel est l'Idéal ! Mais la plupart des communalistes ont compris combien la réalisation de ce rêve était impossible, combien cette barbarie répugnait même aux intéressés. Avec une allure plus savante, ils ont exquissé les cadres d'une société qui comprendrait les différents métiers, et les différentes professions dites aujourd'hui libérales. « La société tout entière sera organisée en communes indépendantes, ayant chacune un territoire particulier, cultivé en commun par les agriculteurs de la commune. Un conseil central de l'Agriculture dirigera les travaux. Les membres en seront choisis par les Travailleurs.

« De la sorte une meilleure direction sera imprimée aux travaux de culture, en même temps que la disparution des clôtures, murs, haies, treillages, qui déjà choquent la vue, donnera un profit net. (1) » L'exploitation des usines se *fera* dans les mêmes conditions : Comportant un comité directeur

(1) Malon.

des travaux, des ingénieurs, des contre-maitres, etc., nommés tous *pour un temps déterminé*, par les ouvriers. Ici se bornent, le croirait-on ? les indications des écrivains communalistes ! « Le temps, disent-ils, « débrouillera le reste. L'important, c'est « que l'impulsion est donnée ; l'élan est « universel. »

Il est probable que tous les corps de métiers seraient dans la Commune, organisés de la même façon. Ce seraient les corporations, moins les patrons remplacés par une hiérarchie de directeurs élus, avec l'égalité des salaires et les matériaux (l'outil) fournis par la Commune. Les médecins, les savants, les artistes, les poètes, seraient probablement, avec les agents de police, payés sur le fond des charges sociales. Ces fonctionnaires une fois rétribués, l'on partagerait le reste de l'argent entre les travailleurs par parties égales. « L'ingénieur est suffisamment récompensé de ses talents par l'autorité qu'il exerce sur ses compagnons et par le *repos* (sic) dont il jouit. (1) Dans cette Société « dont les bases sont la science, la justice la liberté (1), »

---

(1) Malon.

les armées permanentes sont bien inutiles. C'est le règne de la fraternité. La Commune fait sa police elle-même.

Les Communalistes niant le libre arbitre ne voient dans le coupable qu'un malade et remplacent les bagnes et les prisons par des hôpitaux, et des colonies pénitentiaires « où le coupable sera plutôt ramené au bien que puni (1). » Quant au clergé, il est bien inutile à des gens pour lesquels « Dieu est le mal. » Les juges sont élus par le peuple. Un élève choisi sur 50 dans l'Ecole de cette Commune éclectique ou plutôt synthétique est chargé « de perpétuer le culte du sentiment » ou de faire progresser les théories scientifiques. C'est le Prêtre de la Science, le Savant officiel, ou c'est le Poète officiel, le Bonze. La Commune assure aux infirmes, aux déshérités de la nature « un minimum satisfaisant de jouissances matérielles et morales. » (?)

« Dans l'hypothèse très-probable où les communes viendraient à se fédérer pour l'exécution des grands travaux de drainage,

(1) Naquet, Accolas, Malon.

de défrichements, de déboisements, d'irrigation,etc. ,*alors la rente foncière pourrait être reversée* (1) *au profit des communes moins favorisées de la fortune.* Bientôt toute l'Europe et même le monde entier ne manqueront pas de suivre l'exemple de la France. Quant aux peuples qui ne voudraient pas entrer dans le courant de la civilisation Européo-Américaine, ils ne tarderont pas à disparaître devant la concurrence vitale. (2) « C'est ce que Robert du Var appelle la Socialisation du sol (3). »

C'est tout.

DE L'ENSEIGNEMENT DANS LA COMMUNE-ALVÉOLE.

L'on pense bien qu'au maintien d'une semblable société, d'autres hommes que ceux que nous connaissons, sont néces-

(1) Le texte porte renversée, terme qui me parait juste.

(2) Hé quoi ! la Commune ne doit-elle pas substituer partout l'organisation à l'abominable concurrence ?

(3) Malon.

saires. C'est l'Ecole « qui doit régénérer l'humanité corrompue par l'éducation énervante donnée aujourd'hui dans les casernes-séminaires servant d'écoles publiques. (1) » L'instruction de la Commune-Alvéole est obligatoire et donnée aux frais de la collectivité. L'Ecole est ouverte aux deux sexes : « les hommes et les femmes étant destinés à vivre ensemble dans la Société, doivent s'y habituer par la vie, les études et les travaux en commun pendant toute leur jeunesse. L'Ecole comprend l'école proprement dite et l'atelier. « La Société présente aujourd'hui deux classes d'hommes : les uns dont l'on n'a exercé plus ou moins habilement que le cerveau ; les autres, dont le corps seul travaille outre mesure, pendant que leur cerveau est complètement inactif. » Les hommes ne doivent pas ainsi rester incomplets, mais l'on doit « chercher un nouveau système d'éducation qui cultive à la fois dans le même individu, l'esprit qui conçoit, la main qui exécute. (2) » C'est l'éducation

(1) Robin — Malon.

(2) Tout ce plan d'enseignement à peu de choses près est l'œuvre de M. Paul Robin rapporteur du cercle des études sociales de Paris au congrès ouvrier de 1870. Ce congrès n'eut pas lieu, à cause des événements politiques.

dite intégrale. Cette éducation comprend deux périodes distinctes. L'enfant est naturellement curieux, mais ne peut approfondir un sujet. Dans la première période on l'initiera à la connaissance des grandes lois scientifiques, des modes d'investigation, qui ont amené leur découverte, à l'idée générale (?) de l'industrie et des procédés modernes, à l'étude théorique et pratique des principaux outils, l'on développera chez lui le sentiment de l'art ; *ses relations journalières seront pour lui une étude pratique de la justice.* » Les jardins d'enfants de Frœbel donne une idée de cette éducation. Les sens, dit Frœbel, étant les portes de l'intelligence, il faut faire de l'école un champ de jeux tels que l'enfant apprenne en se jouant les propriétés des matériaux, le piquage, le lissage, le modelage etc. Dans le jardin commun il a un *jardinet à lui* (!) qu'il cultive, Des cabanes renfermant les animaux les plus utiles l'initient à la connaissance de ces animaux. Le professeur se promène çà et là, répondant aux interrogations des enfants, leur donnant des conseils, leur ouvrant des perspectives nouvelles. C'est là ce que M. P. Robin nomme l'éducation individuelle de l'enfant. Les pupitres et les bancs sont en été placés sous les ombrages du jardin ; s'il pleut sous le hangard ; en hiver dans des salles bien aérées et bien éclairées. C'est là que le professeur complète son enseignement. Il faut ajouter l'étude *pratique* de certaines langues vivantes, et des notions de littérature. Toutes ces études mènent l'enfant jusqu'à l'âge de 12 ou de 14 ans. A cet âge, l'enfant entre dans la deuxième période de l'instruction positive. Selon l'ordre établi par Auguste Comte, il étudie les mathématiques pendant deux ans, puis, *successivement* l'astronomie, la physique, la chimie, la biologie, la sociologie ; il consacre un an à chacune de ces sciences. Cependant il s'exerce (dans l'atelier) à un ou plusieurs métiers manuels. Il atteint l'âge de 17 ou de 19 ans. Il est membre de la Commune-Alvéole. Jusque là, il n'avait que des droits ; maintenant il a des devoirs à remplir et doit rembourser à la commune les frais qu'il lui a coûtés. Pendant la durée des classes point de concours. Le concours est inique

« étant une absurde comparaison entre des individus d'âge, de nature, de facultés toutes différentes, souvent injuste dans ses détails et la source de rivalités, de jalousies, de haines. On ne comparera l'enfant qu'à lui-même, en tenant un état des dépenses et des travaux, de la consommation et de la production de chaque élève. Par là, il aura continuellement une idée réelle de ses progrès. » L'élève en sortant est doté de ses outils par la Commune. Maintenant soyons le champ ouvert à son ambition. Par groupe de cinquante élèves, ainsi que nous l'avons dit, l'on en choisit un chargé de perpétuer chez les hommes le *sentiment* (?) de l'art, et de la littérature, ou de contribuer aux progrès théoriques des sciences. Ceux qui ne font point partie de cette heureuse élite, peuvent, si bon leur semble, étudier les langues mortes, le côté théorique, la philologie des langues vivantes qu'ils ont apprises *pratiquement* de 4 ans jusques à douze ou quatorze ans et leurs curieuses applications. (Par ces mots il faut entendre sans doute la période oratoire et la versification). Toute profession dite libérale, en dehors des cas précités, ayant pour point de départ une profession manuelle, le médecin par exemple, commencera par être infirmier, l'ingénieur par être ouvrier, etc., etc. Ces fonctions peuvent être retirées à ceux qui les exercent ; le médecin peut redevenir infirmier et l'ingénieur ouvrier. Il en est de même pour toutes les autres professions, mensongèrement appelées libérales. Quant aux avocats... l'utilité de leur rôle se restreindra de jour en jour : le code sera très-simple, avec l'abolition de la propriété individuelle; la justice, régnera partout à cause de l'identité des intérêts ; mais, si d'aventure, quelque caractère mal tourné, s'avisait de troubler l'harmonie de ce paradis terrestre, il trouverait à qui parler, ou plutôt qui saurait lui parler ; car, par suite de l'égale répartition des bienfaits de l'éducation, « tous posséderont l'habileté oratoire. » C'est-à-dire que tout le monde saura parler quand l'éloquence sera devenue inutile. Il en fut de même dit M. Havet, pour Cicéron qui vint au monde quand Rome n'avait plus besoin de lui.

La Commune abolit dans l'école comme

ailleurs (?) le principe d'autorité. « Laissons dit M. P. Robin, laissons de côté tout préjugé, tout reste de respect suranné pour l'autorité. Les directeurs (jamais M, P. Robin n'emploie le mot : maître), ne feront que donner des indications. « Les enfants arriveront sans peine à organiser leurs jeux, leurs conférences ; à établir entre eux des juges pour leurs différends ; des administrateurs pour conserver leur matériel ; des ouvriers pour l'entretenir, le réparer, l'améliorer ; *des présidents pour mantenir l'ordre dans leurs discussions ; des guides pour diriger leurs promenades*. Et chacun de ces fonctionnaires, ajoute gravement le rapporteur, jouira dans l'exercice de ses fonctions, de toute la liberté et de toute l'autorité désirables, non-seulement « parce qu'il s'appuiera *sur le suffrage universel sincère*, mais encore parce que sa responsabilité sera entière, et qu'il pourra être mis en jugement, destitué, réélu. Le système d'éducation communaliste est fondé sur la liberté de l'enfant. » Ce n'est qu'avec peine que M. P. Robin supporte le joug intolérable des directeurs. « Si aujourd'hui, nous devons considérer comme indispensables pour l'enseignement dogmatique (l'enseignement de la deuxième période) de bons professeurs, *tout porte à croire* qu'après un bon développement spontané des enfants et la création de bons ouvrages, la lecture en commun de ces ouvrages, les discussions qui en résulteront dans des conférences entre les étudiants eux-mêmes, diminueront de beaucoup l'importance du professeur, et le réduirait dans le plus grand nombre des cas au simple rôle de conseil (sic). » Il va sans dire que la police des réunions, dans les cas ordinaires, que le professeur soit présent ou non, *appartient aux élèves eux-mêmes*. Comme les hommes, les enfants sont en effet aussi disposés à se soumettre à l'autorité qu'ils ont établie volontairement dans leur propre intérêt, qu'ils le sont à se révolter contre celle qui s'impose à eux *arbitrairement et souvent contre toute justice*. » Quant aux parents, leur autorité est supprimée *en droit*, non *en fait* (c'est-à-dire qu'elle est supprimée). « En fait » ils peuvent exercer une certaine influence sur leurs enfants grâce à leur expérience et à leur tendresse. Mais tous droits appartiennent à l'Etat qui d'ailleurs se réserve celui d'enlever leurs enfants aux parents vicieux. L'externat est le régime sous lequel vivent garçons et filles. Il est probable qu'un externat serait créé pour les enfants enlevés à leurs familles ; peut-être aussi les placerait-on dans d'autres familles plus morales et plus selon le cœur des membres du Comité Central.

RADICAUX ET GIRONDINS

Ainsi les simples *Collectivistes* veulent avant tout l'égalité des salaires, la corporation libre dans la Commune libre. (1) Le mérite n'a d'autre récompense que le grade ; encore ce grade dépend-il des votes de la multitude. Ils négligent de nous dire leurs idées au sujet du mariage. Peut-être jugent-ils qu'avec la promiscuité de l'Ecole, toute

(1) Blanqui.

indication est ici superflue. A 7 ou 9 ans les enfants appartiennent à l'Etat. Nous admettons à cause de ce dernier point, qu'ils conservent le mariage civil. Les *républicains formalistes*, qui gouvernent aujourd'hui, veulent : la représentation dans le parlement, *sans conditions de cens* ni de capacité, avec l'inégalité des salaires, et le mariage civil. Ils diffèrent des constitutionnels tels que Guizot, par le deuxième point. Celui-ci n'admettait que la représentation des intérêts. Avec la république formaliste, le pauvre et le moins intelligent sont en droit les égaux du plus riche et du plus intelligent. En fait le pauvre même intelligent dépend du riche. Pour l'affranchir, le Républicain collectiviste demande la suppression de la propriété individuelle, l'égalité des salaires. *C'est le Communisme dans les biens, non dans les personnes.*

Les radicaux de la Commune demandent de plus *que les femmes soient toutes à tous.* Il ne s'agit ici ni de bazar oriental ni de maison de tolérance, comme me parait le penser M. le Général Ambert, mais de l'affranchissement complet de la femme, de l'abolition du mariage légal, *de l'union libre. C'est donc le communisme dans les biens et dans les personnes.*

Tel est le communisme moderne. S'il en est qui demandent les repas publics, la communauté pure et simple des femmes, la promiscuité, la fourniture des vêtements et des autres objets faite aux citoyens par l'Etat, assurément ces débris des écoles primitives sont rares !

Très nombreux au contraire, surtout en Allemagne, sont ceux que l'on pourrait appeler les Girondins de la Commune. Ils demandent l'abolition du droit d'héritage, mais non l'abolition de la propriété individuelle. L'héritage retourne à la Commune qui le vend au profit de tous. Ils estiment que sans arrêter l'essor du progrès matériel, ils supprimeraient ainsi tous les abus inhérents à l'hérédité.

RÉGLEMENTATEURS-CÉSARIENS.

L'on pourrait donner le nom de Césariens aux Réglementateurs. Ceux-ci veulent que l'Etat devienne le grand Agriculteur, le grand Industriel, le grand Commerçant. Je m'explique. Les tapissiers élisent, dans ce système, un représentant qui siége dans le conseil de l'Etat-Ouvrier. C'est le gouverneur de la tapisserie. Il a des commis, des courtiers, des magasins, dirige les commandes, préside à la vente tant à l'intérieur qu'à l'extérieur. Le bénéfice net est réparti entre les membres de la corporation, proportionnellement à leur mérite et à leur mise. Ce système abolit la concurrence au moins à l'intérieur, et supprime les patrons dont les bénéfices passent entre les mains des ouvriers. La spéculation sur les grains, cause de leur cherté, n'existe plus. Il en est de même pour l'industrie, pour toute branche de commerce ; l'Etat est le grand Patron et la France un grand Bon-Marché. Beaucoup se contenteraient de cette organisation par communes.

CRITIQUE DU BUT IDÉAL.

L'inanité des rêves communalistes éclate aux regards des hommes qui ont quelque expérience de la vie. L'œuvre de ces écrivains qui proscrivent le sentiment, l'imagination pour se borner à la seule observation des phénomènes, ne repose que sur le sentiment et l'imagination. Ces hommes qui travaillent en commun, qui se contentent de salaires égaux, bien plus, qui accumulent des rentes pour venir en aide à leurs frères moins favorisés de la nature, nous les connaissons..; en théorie Ces abstractions ont hanté l'esprit de tous les utopistes depuis Platon jusqu'à Fénelon, depuis Babœuf jusqu'à Fourrier, depuis St Simon jusqu'à Proudhon, Mais dans la réalité, nous ne les voyons nulle part. Je jette les yeux autour de moi et je lis dans le grand livre du monde. Je vois des gens laborieux, des joueurs, des ivrognes, des hommes économes et des prodigues. Quelle diversité d'humeurs, de qualités, de défauts! Comment, bon Dieu! plierez-vous tout cela, à votre règle unique? Car enfin, rêveurs! soyez de bonne foi! vous vous dites hommes de liberté, d'anarchie même; vous poursuivez de votre haine l'autorité jusque dans l'école; mais, dites-moi, le nom que l'on doit donner au pouvoir *directeur* de votre

Comité central ? Ses membres sont élus, je le veux bien ; mais l'ouvrier n'en est pas plus libre que dans les conditions actuelles de son existence. Qu'il quitte la varlope pour la bêche, le compas pour la truelle, il sera victime du plus odieux despotisme. La corporation sera peut-être libre, mais lui, non. Maintenant, du moins, il peut discuter avec son patron et le quitter pour un autre. Dans votre Commune-Alvéole il est obligé de rester à la place que lui assigne le représentant du Comité-Central, véritable César à temps, ou de changer de commune. Avant de partager les bénéfices entre les travailleurs, ou de les donner en cadeau aux communes les moins favorisées, ne conviendrait-il pas mieux de prévoir les mauvaises années ? de secourir les corps de métiers pour lesquels l'année a été mauvaise ? Bien loin d'aboutir à la fédération universelle, votre système, ô socialistes, aboutit aux guerres du moyen-âge. Vous rebroussez chemin, vous retournez aux luttes des communes. En supposant que votre couvent se pût organiser. Mais c'est folie rien que d'y songer ! Quand vous aurez enfermé dans vos maisons de santé outre les criminels, les paresseux, les ivrognes (et avec votre système de correction, l'on peut vous assurer d'avance que les réfractaires seront nombreux,) vous ne sauriez changer la nature des hommes au point de les faire travailler les uns pour les autres. Il n'y a que les saints capables d'une telle abnégation. Si les couvents subsistent, c'est qu'ils se composent d'hommes « revenus de tout » et que le dégoût de la vie a rendus désintéressés. « Laborieux, économe, j'irais dit le paysan, travailler pour des paresseux et des gourmands !.. » Quand un grand malheur frappe une région, notre cœur s'émeut, nous sentons comme le dit si bien le poète latin que rien de ce qui touche les hommes ne saurait nous être étranger. Nous donnons librement ; mais nous ne souffririons pas de contrainte.

« Il n'y a pas, dit un membre de la deuxième avant-garde, que Cabet a envoyée expirer si misérablement dans l'Amérique du Nord, à la recherche d'une nouvelle Icarie, « il « n'y a pas d'esclavage aussi dur que le

« communisme en action. L'on ne peut s'en « faire une idée ! Ainsi, il n'y a pas de soupe « pour tout le monde, on la donne aux chiens, « afin de ne pas faire de jaloux parmi les « communistes. A table, ce n'est pas son « assiette que l'on regarde, mais celle de « ses voisins, et l'on trouve toujours leurs « *pitances*, plus grosses et meilleures que « la sienne ! Il faut que chacun ait le même « appétit et les mêmes goûts, car les mor- « ceaux sont pesés et tout le monde doit « manger du même plat ! Tant pis si vous « avez bon appétit, vous n'avez que votre « portion, et ceux qui (chose rare parmi les « communistes) n'ayant pas faim, ne man- « gent pas *du tout*, donnent le reste (sic) « aux chiens, toujours pour ne pas faire de « jaloux dans la société. »

A la bonne heure, voilà des hommes tels que je les connais, des hommes vrais, en chair et en os. Mais direz-vous dans la Commune-Alvéole, il n'y a point de repas publics ! Sans doute, mais le même sentiment qui poussait les Icariens à regarder l'assiette du voisin, poussera le collectiviste à regarder la part de travail fournie à la

Communauté par le voisin et s'il juge cette part insuffisante, il ne sera pas satisfait je vous le jure ! Le Communisme c'est l'envie organisée, car c'est le couvent sans Dieu, c'est-à-dire sans ce qui rend le couvent possible à la faiblesse humaine.

« Quand l'émulation, dit Voltaire, n'excite point les hommes, ce sont des ânes qui vont leur chemin lentement, qui s'arrêtent au premier obstacle, et qui mangent tranquillement leurs chardons à la vue des difficultés dont ils se rebutent ; mais aux cris d'une voix qui les encourage, aux piqûres d'un aiguillon qui les réveille, ce sont des coursiers qui volent et qui sautent au-delà de la barrière. « Or l'émulation a sa base dans l'amour-propre. Il ne suffirait pas pour la nourrir, de l'espérance d'un grade dont la propriété n'est point assurée. Proudhon répond en termes excellents, à M. Louis Blanc qui rêve l'organisation du travail, l'égalité des salaires, l'abolition de la concurrence, l'impôt progressif, l'impôt somptuaire : » Supposer que le travailleur de haute capacité pourra se contenter, en faveur des petits, de la moitié de son salaire, fournir gratuitement ses services et produire, comme dit le peuple, pour le roi de Prusse, c'est-à-dire pour cette abstraction qui se nomme la société, le souverain, ou mes frères ! c'est fonder la société sur un sentiment qui, érigé systématiquement en principe, n'est qu'une fausse vertu, une hypocrisie dangereuse ! fraternité !! frères, tant qu'il vous plaira, pourvu que je sois le grand frère et vous le petit ! pourvu que la Société, notre mère commune, honore ma progéniture et mes services en doublant ma portion ! Vous pourvoirez à mes besoins, dites-vous, dans la mesure de vos ressources ! J'entends au contraire que ce soit dans la mesure de mon travail, si non je cesse de travailler !... A chacun selon ses œuvres ! » Proudhon ajoute : « l'homme ne sort de sa paresse que lorsque le besoin l'inquiète » ; votre doctrine : « contient le principe de la gueuserie, » elle est « le panégyrique de la misère ; l'homme peut aimer son semblable jusqu'à mourir ; il ne l'aime pas jusqu'à travailler pour lui ! »

Il dit encore : « Ordonnez qu'à partir du 1er janvier le travail et le salaire seront garantis à tout le monde; aussitôt un immense relâche va succéder à la tension ardente de l'industrie; la valeur réelle tombera rapidement au-dessous de la valeur nominale; la monnaie métallique, malgré son effigie et son timbre, éprouvera le sort des assignats; le commerçant demandera plus pour livrer moins, et nous nous retrouverons un cercle plus bas dans l'enfer de la misère! »

La conséquence de l'impôt progressif sera que les grands capitaux seront dépréciés et la médiocrité mise à l'ordre du jour... tout capital dépassant le chiffre du nécessaire, proscrit; « car les capitalistes aimeront mieux manger leur propriété que d'en retirer une rente insuffisante! »

L'impôt somptuaire n'exerce pas moins la verve satirique de ce terrible critique. « Vous voulez frapper les objets de luxe!... Vous prenez la civilisation au rebours... Luxe est synonyme de progrès!... Taxer les objets de luxe, c'est interdire les arts de luxe!.. Le travailleur gagnera 0 fr. 75 c. sur le cuir de ses bottes, et pour mener sa famille quatre fois l'an à la campagne, il paiera 6 fr. de plus pour les voitures ! » Socialistes de la Commune, écoutez encore ce diable d'homme dont vous invoquez si souvent le nom : « Avec le communisme, les hommes seront des huîtres attachées côte à côte, sans activité ni sentiment, sur le rocher... de la fraternité ! »

Tout cela est excellemment pensé. Pourquoi faut-il que de la même main il ait écrit ailleurs ce que je vais dire :« La propriété est immorale par principe et par essence ! Le Code qui la protége est un Code d'immoralité ! La justice instituée pour protéger le libre et paisible abus de la propriété... est infâme ! La propriété, c'est le vol !... » et : « Dieu, c'est sottise et lâcheté, Dieu ! c'est hypocrisie et mensonge ! Dieu ! c'est tyrannie et misère (1) ! » détruisant d'une main ce qu'il

---

(1) Comment Dieu peut-il être synonyme de misère, ô Rhéteur ! puisque tu viens de démontrer que l'on déracinerait la notion de la propriété individuelle plus difficilement que celle de Dieu du cœur de l'homme ?

édifiait de l'autre, homme à double face, intelligence élevée, tempérament révolutionnaire, alliance bizarre de sentiments généreux et de charlatanisme, bien digne de pousser sur notre fumier social et d'être le symbole de nos temps d'anarchie intellectuelle !

EXAMEN DE L'ÉDUCATION COMMUNALISTE.

Le programme *d'éducation intégrale* de la Commune-Alvéole contient de bonnes choses ; c'est avec raison que M. Paul Robin s'élève contre l'absence d'éducation physique chez les uns, d'éducation intellectuelle chez les autres. Mais une utile réforme n'est pas, comme il semble le croire, une révolution. Bien loin que l'éducation intégrale fasse d'un enfant de 19 ans un sage, capable de respecter la pudeur de ses camarades du sexe féminin, et de se conduire soi-même (1), elle est impropre à donner à l'homme l'abnégation nécessaire aux sacrifices qu'imposent la vie en commun. Quand un homme lirait les œuvres d'Horace dans le texte latin aussi bien qu'un Romain de son temps et manierait la varlope à l'égal d'un maître compagnon, il n'en serait pas pour cela moins homme, moins exposé aux tentations de l'amour, de l'envie, de la haine. C'est fonder sur un rien de bien vastes espérances! Une forte éducation morale, l'espérance d'une récompense céleste, ne suffisent pas à rendre un homme capable de se dévouer pour ses semblables, sans une sorte de générosité naturelle infiniment plus rare qu'on ne pense. Cette générosité est un don de la Providence « *donum Providentiæ* », elle est la vraie

(1) S'imagine-t-on des enfants de 14 ans organisant la police de leurs réunions ! Ce seraient de jolies pétaudières ! L'enfant en France est peut être trop tenu en bride, les sexes n'ont peut être pas assez d'occasions de vivre en commun, ce qui donne à l'amour un attrait bien propre à séduire l'imagination Mais la promiscuité des sexes sera toujours dangereuse.

noblesse ! Travailler selon ses forces, comme le demande M. Louis Blanc, travailler deux, trois fois plus que ses concitoyens pour un salaire égal, si nos forces et notre intelligence sont doubles, triples des leurs, c'est faire preuve d'abnégation, d'esprit de sacrifice ; c'est être un saint. Bien loin qu'une certaine culture intellectuelle, jointe à la pratique de la varlope ou du rabot, amène l'homme à se sacrifier pour ses semblables, peut-être refuserait-elle à la Commune-Alvéole, boulangers, maçons, couvreurs, charpentiers. C'est trop compter sur le bon sens et sur la modestie des hommes. Les exercices manuels réservés, le programme communaliste est à peu de chose près l'éducation donnée aux élèves de la section des sciences de nos lycées. Voit-on beaucoup de bacheliers ès-sciences (et ce n'est pas le Pérou !) exercer des métiers manuels ? La plupart de ceux qui consentent à se livrer au négoce, sont des fils de riches négociants qui, selon l'expression populaire, ont trouvé leur pelotte faite. Le reste va encombrer les carrières administratives ou libérales, jonchées de tant de désillusions ! Au point de vue intellectuel, le programme des communalistes est mal disposé. Après les cinq ou six années que les éphèbes de la Commune auront consacrées à l'étude des sciences, sans doute en haine de la littérature, leur esprit sera bien sec ; ils auront eu le temps d'oublier l'aride nomenclature de mots que, sous le nom d'étude pratique des langues modernes, on leur aura inculquée tant bien que mal pendant la période d'initiation ! Cela revient à dire que plus un homme a l'esprit rempli de chiffres, de lignes droites ou courbes ou brisées, de formules, de descriptions d'instruments de toutes sortes, plus selon les écrivains communalistes, il est enclin à se dévouer pour ses semblables ! Etrange manière de développer le sentiment ! Les mathématiques, disait Voltaire, laissent l'esprit au point où elles l'ont pris. C'est un squelette : là ni sang. ni suc, ni moelle ! L'étude des sciences ne peut être qu'une branche de l'éducation. Elle est le correctif de l'éducation littéraire Ce beau programme des communalistes est de cet esprit faux, qui a nom Auguste Comte, de l'inventeur biscornu d'une religion sans Dieu. Pour faire des hommes les instruments dociles de ses égoïstes volontés, Napoléon Ier leur avait à peu près imposé ce programme d'éducation. Son règne fut le règne du chiffre. Ses malheurs lui montrèrent combien peu toutes ses créatures étaient capables de dévoûment! « Sire, lui disait Sismondi pendant les Cent-Jours, l'on ne s'appuie que sur ce qui résiste ! » Or, il y avait longtemps qu'il avait brisé toute résistance ! Il n'y avait plus de ressort nulle part!

Napoléon voulut ajouter à sa gloire militaire celle de protecteur des lettres, et fonder une littérature sans indépendance, c'est-à-dire, sans littérateurs. Il n'eut pas un meilleur succès!

Grâce à la généreuse influence des études philosophiques et littéraires, les hommes deviennent fiers, et leur caractère s'ennoblit le plus souvent. Les luttes de la vie les changent beaucoup, il est vrai ; au moins en restent-ils quelques uns pour honorer leur siècle. Mais les Catons seront toujours rares.

La constitution d'une élite dans la Commune-Alvéole est une contradiction et une impossibilité. Qui choisira sur cinquante élèves le sujet chargé de représenter l'aristocratie intellectuelle ! Quel est le juge incorruptible, le Thraséas, le Caton, le Minos, auquel seront confiées ces importantes et délicates fonctions ? Et, s'il est incorruptible, s'il est inaccessible à l'amitié, à la flatterie, à la crainte, à l'amour, à la haine, sera-t-il aussi inaccessible à l'erreur ? Peut-on affirmer d'un jeune homme de dix-neuf ans qu'il sera un jour un grand poète, un grand peintre, un grand sculpteur ? Tant de brillantes précocités qui n'ont donné que cendres et fumées, sont là pour nous rendre prudents ! A côté du vernis aimable et brillant de la médiocrité, croît lentement le génie novateur, obéissant à des lois supérieures et s'ignorant souvent lui-même. Quand il se révèle, il déroute, effraye tout le monde, surtout ses maîtres. Les 49 concurrents évincés crieront pour la plupart à l'injustice. La Commune-Alvéole nous représentera les mêmes déboires, les mêmes luttes que notre société actuelle. Jamais cet homme n'étudiera la médecine, jamais cet autre ne tâchera à devenir ingénieur, s'ils peuvent sur un vote de leurs subordonnés redevenir l'un infirmier, l'autre simple ouvrier. Plus leur mérite sera grand, plus ils seront exposés à l'envie. Certes des ingénieurs sortis de l'école polytechnique manquent de la pratique de leur art. Mais l'on ne saurait conclure de là que leur science théorique est facile à acquérir ou inutile. C'est un contre bon-sens de dire que les sciences ne comportent plus que des applications. C'est le contraire qui est le vrai.

Nous ne sommes encore que dans le vestibule du temple de la nature, bien loin d'être initiés à ses mystères.

Quant aux avocats, il est regrettable de les voir, avec une égale facilité, plaider le pour et le contre. A Rome il leur était interdit de percevoir des honoraires et de faire un métier de leur éloquence. Vous gardez-vous de les condamner ! Ils ne seront pas inutiles dans la Commune! Jamais l'on n'aura tant vu de procès! Et comme l'éloquence ne se transmet ni ne s'enseigne, il faudra toujours pour se défendre recourir à ceux dont l'imagination vive, les passions fortes et la facilité naturelle de s'exprimer, gagnent ou maîtrisent les auditeurs.

CRITIQUE DU BUT IMMÉDIAT.

Si l'on peut reléguer au nombre des chimères dont cette chère et malheureuse humanité endort ses innombrables douleurs la cité idéale des communalistes, la Commune-Alvéole, il ne faudrait pas envisager de même le but immédiat qu'ils poursuivent. En temps de paix, avec les armées permanentes, les communalistes ont peu de chances de s'emparer des terres et des outils. Aussi s'efforcent-ils de corrompre ces armées, ou d'en entraver la formation dans le Parlement. Mais le gouvernement-ouvrier peut profiter d'un désastre national pour décréter la spoliation de l'usinier et du gros cultivateur, et remettre *révolutionnairement* la terre, l'usine, les outils aux mains des ouvriers Mais que verrons-nous alors ? Les ouvriers sans ouvrage demander aussitôt à entrer dans les usines au nom de la fraternité ! Leur fera-t-on place en se serrant ? Il s'engagera des luttes au sujet des meilleures, toujours au nom de l'égalité. L'Etat devra recourir aux Ateliers-Nationaux pour sauver la situation. En 1848 l'on y jouait fort au bouchon. Ce sera bien pis alors, car la consommation sera nulle. Les ouvriers maîtres de l'usine auront beaucoup de peine à s'entendre. D'où tireront-ils le capital nécessaire à la marche des affaires ? L'Etat, disent-ils, nous le fournira comme il le donna en 1848 à quelques sociétés ouvrières (1). L'Etat, n'est-ce pas tout le

(1) Il est bon de dire que ces sociétés de production n'ont nullement réussi. Les membres accusèrent plaisamment les Jésuites de leurdéconfiture. Il n'est pas prouvé que les sociétés ouvrières de production ne prospèreront jamais. L'on a vu dans l'histoire du monde de plus étonnantes choses. Mais l'Etat n'en saurait être le commanditaire désintéressé.

monde ? Or, le monde se lassera bien vite de nourrir une entreprise où il n'a rien à gagner.

L'on pourrait peut-être en France déposséder les gros propriétaires terriens, mais non les petits. En vain ouvrirait-on à leurs yeux la perspective de laisser à leurs fils le sol dont ils sont actuellement les propriétaires, à condition de payer la rente des terres qu'ils afferment à l'Etat au lieu de la payer à leurs propriétaires actuels ; jamais ils ne tomberaient dans cette duperie d'échanger un objet possédé pour un objet loué, alors que pour le reste ils changeraient seulement de fermiers ! Les dictateurs pourraient, il est vrai, exiger moins que les propriétaires actuels. Cette mesure (à quoi bon le nier) serait assez goûtée. Mais alors les gros propriétaires se remueraient. Les petits propriétaires reviendraient promptement de leur erreur, d'autant plus que le comité-Central ne peut mettre en mouvement le peuple des grandes villes qu'en lui parlant de l'universalisation de la propriété. Les réformateurs auraient bientôt contre eux les trois quarts de la nation ! Le désordre qui serait immense ne durerait que peu de temps. Corneliam Lewis disait, au grand ébahissement de la Chambre des Communes, que le placement le plus sûr pour les capitaux était la France. Il pensait, sans doute, au morcellement de la propriété foncière, en France !

Ailleurs la situation n'est pas la même. Là où le contribuable n'a rien, le roi perd ses droits, disait un vieux proverbe français. L'on peut dire : là où le peuple meurt de faim, la loi perd toute autorité.

C'est l'état primitif, la loi de nature. Ventre affamé n'a point d'oreilles. Il faut lui donner du pain ou le canonner. Le tonnerre allemand est lent ; Henri Heine, dans sa célèbre prophétie, en convient. « J'ajouterai : l'armée allemande est une force qui mettra du temps à décroître. » Le tonnerre russe et le tonnerre anglais pourraient auparavant surprendre le monde. C'est que la société, dans ces deux pays repose sur une pointe d'aiguille. De même les grandes propriétés pourront une seconde fois perdre l'Italie. « *Latifundia Italiam perdidere* ! » Après la dépossession violente de quelques « *Beati* » de quelques rois, les Russes, les

Anglais, les Italiens, ne vivront pas pour cela en commun, collectivement. Il y aura un rapt de plus dans cette misérable histoire du monde, et la tourmente passée, le Juge continuera de punir les atteintes à la propriété individuelle. Il se dira pour rassurer sa conscience que tant de propriétés étaient moins le fruit du travail que de la violence et de la conquête, et que le peuple est à son tour sorti de la légalité pour rentrer dans le droit.(1) Dans ces contrées, une chose est possible, la spoliation de quelques centaines de propriétaires, par des millions de prolétaires, et le partage de leurs biens. En France l'on ne pourrait spolier que quelques grosses compagnies. Pour le reste, les moyens sont au dessous de l'entreprise. Si le capital, veut se fixer au sol comme dans la Gironde, par exemple, alors après un certain temps la situation deviendra aussi dangereuse pour les propriétaires français que pour les gros feudataires russes, anglais, italiens, allemands.

---

(1) La tourmente de 1793 fut moins une révolution qu'une guerre ! (GUIZOT).

EXAMEN DES IDÉES DES GIRONDINS COMMUNALISTES ET DES RADICAUX COMMUNALISTES.

L'égalité des salaires est contraire à la nature même de l'esprit humain ; donc elle est impossible. Les Girondins espèrent supprimer seulement les abus inhérents aux trop grandes propriétés, et conserver les avantages inhérents à la propriété individuelle en abolissant le droit d'héritage. Ils ne réfléchissent pas que cette suppression arrêterait immédiatement la production de moitié. Nombre de gens ne travaillent que pour leurs enfants. Tous les objets doubleraient ou même tripleraient de valeur immédiatement. En sorte que le petit commerçant qui se flatte avec ce système de se partager les dépouilles du gros, perdrait largement d'un côté ce qu'il gagnerait de l'autre. Les personnes qui n'ont que des neveux, travaillent déjà modérément. Quant aux prolétaires (il y aurait toujours des gens qui ne réussiraient pas dans leurs entreprises ou que leurs vices et leurs maladies réduiraient à la misère), ils se retrouveraient, pour me servir de l'expression de Proudhon, un cercle plus bas dans son enfer.

Ajoutez que les grands capitaux sont l'âme des grandes entreprises, et qu'avec des fortunes médiocres, des travaux très-utiles ne seraient jamais accomplis. L'Etat ne peut se charger de tout.

Partout où l'organisation se substitue à l'anarchie, il y a économie de forces perdues. Mais là où il n'y a point de concurrence, il y a ralentissement de production, hausse de la valeur des objets. Le profit est nul. Tous les patrons, d'ailleurs, ne font point, comme on dit, leurs affaires. De plus, avec la réglementation, l'ouvrier perd sa liberté ; il devient fonctionnaire. Quelques bouts de galons à partager entre des milliers d'individus pourraient-ils payer tant d'esclavage et de misère ? Toutes les mesures que prendrait le directeur-général d'une corporation ne seraient pas du goût de tous ses subordonnés. La discipline serait difficile à maintenir dans cette caserne. Cette organisation par communes conduirait encore à la guerre des communes. Embrassant toute la France, elle équivaudrait à la création d'un ministère pour chaque corps de métier. Pour les corps de métiers qui ne peuvent produire en commun, les cuisiniers par exemple, cette organisation n'aurait pour but que d'imposer certains salaires à de riches avares. Ils iraient dîner au restaurant.

Il n'est pas difficile de réfuter les abominables doctrines des partisans de l'union libre. Ils veulent retourner au gland et à l'eau claire. Quelles que soient nos opinions religieuses, nous voyons clairement que, comme mille autres choses, le mariage est une conquête de la civilisation sur la brute, un paratonnerre contre les passions, un garde-fou contre cet être mobile et inconstant qu'on appelle l'homme, et qu'il vaut mieux aristocratiser les foules qu'abaisser les aristocraties. La brutale passion de l'égalité qui tourmente les Français, les jettera pantelants aux pieds des Italiens et des Prussiens. Le jour où les ouvriers pourraient épouser des duchesses, il n'y aurait plus de duchesses (1); le jour où le vin du Clos-Vougeot serait à tout le monde, il n'y en aurait plus pour personne. En attendant, c'est celui qui en a le moins besoin qui le peut boire. C'est une injustice. Mais le remède?

---

(1) En France toutes les femmes sont tarifées. Mais l'on ne se marie qu'avec celles qui ont le sac. Tant...— tant de dot !... Les autres, les non-valeurs, sont bonnes tout au plus à servir de maîtresses aux hommes positifs de notre belle époque. Alors on les tarifie. Le tarif des premières commence au-dessus de l'étiage de l'honneur, celui des autres au-dessous Les français demandent trop à la nature. Le mot d'intérêt leur emplit la bouche. Ces gros malins en poursuivant l'intérêt laissent s'échapper le bonheur.

CONCLUSION.

Le Collectivisme moderne n'est pas chose plus pratique que les idées de Babœuf, de Fourrier, de s[t] Simon, de Proudhon etc. Il n'y a point lieu de s'en étonner; le nom seul a changé, mais c'est toujours le même communisme qui réapparait sous des dénominations différentes. Toutes les fois que l'on veut abolir les maux dont la concurrence est le principe, l'esclavage des plus faibles et des plus pauvres, l'on arrive nécessairement au communisme des biens pour le moins. Or, le communisme est au-dessus de la faiblesse humaine. (1) En vain les

(1) Il y a longtemps, sans cela, qu'il serait le régime du genre humain. Il n'est rien de nouveau sous le soleil. Lors de la décadence de la république Athénienne, Athènes entendit de semblables revendications. Les plaintes des esclaves mieux fondées que celles des philanthropes athéniens ne nous sont point parvenues. Mais Aristophane nous a laissé une spirituelle et mordante satire des mœurs de ses concitoyens. La scène qui suit est tirée de l'*Assemblée des femmes* (passim).

Collectivistes vont-ils répétant : « après « l'esclavage, le servage, après le servage « l'individualisme, après l'individualisme, « la Commune ! » La Commune semble en

---

PRAXAGORA (femme Athénienne — un orateur de l'Assemblée) que nul ne me contredise... Je veux que tous participent à tout, et que les biens soient en commun : il n'y aura plus de riches et de pauvres ; on ne verra plus l'un moissonner de vastes domaines, tandis que l'autre n'a pas de quoi se faire enterrer... J'eutends qu'il n'y ait plus pour tous qu'une seule et même condition.

BLÉPYRUS. — Comment pour tous ?

PRAXAGORA. — Mange tes crottes !

BLEPY. — Partageons !

PRAXA. — Non !... je commencerai par mettre en commun les terres, l'argent, tout ce qui est fortune privée. Puis nous vous nourrirons sur ce bien commun que nous prendrons so n d'administrer avec une sage économie.

BLEPY. — Et celui qui ne possède pas de terres, mais seulement de l'or, de l'argent monnayé, qui ne se voient pas?

PRAXAG. — Il devra les apporter à la masse, et s'il y manque, ce sera un parjure.

BLEPY. — Il s'en moquera bien...

PRAXAGO. — Le pauvre ne sera plus contraint de travailler ; chacun aura tout ce qu'il lui faut, pain, salaisons, gateaux, tuniques, vin, couronnes, pois chiches ; quel intérêt alors à ne pas apporter sa part à la masse ? Que t'en semble ?... J'entends que les femmes appartiennent en commun à tous les hommes, et fassent des enfants avec qui le voudra.

bien aussi contraire aux sentiments humains que l'esclavage l'est en mal. Les droits du travail consacrés par la propriété individuelle semblent malgré les abus inhérents à

BLÉPYR. — Mais tous iront à la plus belle !... Comment chacun pourra-t-il reconnaître ses enfants ?

PRAXAGORA. — Les plus jeunes regarderont les plus âgés comme leurs pères.

BLEPYRUS. — Si les magistrats condamnent un citoyen à l'amende, comment la paiera-t-il ? Sur les deniers communs ? ce ne serait pas juste.

PRAXAGORA. — Mais il n'y aura plus de procès !

BLEPYRUS. — Quel désastre pour bien des gens !

PRAXAGORA. — Je l'ai décidé. D'ailleurs, mon ami, pourquoi y aurait-il des procès ?

BLEPYRUS. — Mais pour mille motifs, sur ma foi ! D'abord si un débiteur nie sa dette.

PRAXAGORA. — Mais où le prêteur prendrait-il de l'argent à prêter, si tout est en commun ? à moins qu'il ne le vole au trésor.

BLEPYRUS. — C'est vrai, par Cérès ! mais dis-moi encore ! voici des gens qui sortent ivres d'un festin ; ils frappent un passant : comment paieraient-ils une indemnité ? ah ! te voilà embarrassée.

PRAXAGO. — Ils devront la prélever sur leur pitance ; et ainsi punis par le ventre, ils ne recommenceront pas.

BLEPYRUS. — Il n'y aura plus de voleurs ?

PRAXAGO. — Pourquoi voler, si l'on a part

cette propriété les colonnes d'Hercule de la revendication. Derrière il n'y a plus que le royaume de l'Utopie. Il est d'une belle âme de rêver pour l'humanité un ordre social

---

à tout!.., D'ailleurs, si on voulait te voler ton manteau, tu le donnerais de toi-même. Tu n'aurais qu'à aller au magasin commun : on t'en donnera un meilleur. Athènes ne sera plus que comme une seule maison, où tout appartiendra à tous; de sorte qu'on pourra, à son gré, aller de l'un chez l'autre. Les tribunaux et les portiques seront convertis en salles de banquets. Chacun aura tout en abondance ; il ne quittera le festin que bien ivre, couronne en tête, torche en main. Alors les femmes courront au-devant de tous, etc., etc.

La loi est votée :

Premier citoyen. — Voyons, mettons en ordre et examinons tout ce qui m'appartient, avant de le porter sur la place publique.

Deuxième citoyen. — Apporter ses biens à la masse quelle folie ! Je n'ai pas si peu de sens. Non, non, par Neptune, je veux d'abord examiner et calculer à loisir. Je ne serai pas assez sot pour me dépouiller si ce n'est à bon escient, du fruit de mes sueurs et de mes épargnes ; voyons comment les choses tourneront... Je veux savoir ce que fera le plus grand nombre... donner, ce n'est pas dans nos mœurs... qu'il survienne un tremblement de terre, ou un coup de foudre de mauvais augure, qu'une belette traverse la rue, et nul n'apportera plus rien !..

fondé sur la fraternité si l'on ne la pousse malgré elle au bonheur par la flamme et par le fer. La liquidation sociale pure et simple, le partage des biens ne ferait que déplacer

---

Premier citoyen. — Ce serait une belle affaire, si je ne trouvais plus de place où déposer mes biens.

Deuxième citoyen. — Crains plutôt de ne les pas retrouver !

Un des effets de la loi. (Je renvoie à l'excellente traduction de M. Poyard ceux de nos lecteurs qui seraient friands des autres).

Le héraut. Citoyens, venez tous, accourez à l'appel de notre commandante ; c'est la loi nouvelle : le sort va désigner pour chaque citoyen l'endroit où il doit dîner; déjà les tables sont dressées et chargées des mets les plus exquis.

Deuxième citoyen. — Oui, j'irai au banquet public : pourquoi tarder ? la République l'ordonne.

Premier citoyen. — Et où vas-tu, puisque tu n'as pas déposé ce que tu possèdes ? Si les femmes ont du sens, elles exigeront d'abord que tu déposes ton bien.

Deuxième citoyen. Mais je le déposerai.

Premier citoyen. — Quand ?

Deuxième citoyen. — Ce n'est pas moi qui tarderai.

Premier citoyen. — Comment ?

Deuxième citoyen. — Il y en aura de moins pressés que moi ?

les fortunes. Au premier bruit de cette fameuse liquidation sociale, thème ordinaire des déclamations de M. Henri Rochefort. Les riches vendraient leurs biens; l'on ne saisirait que les bribes de ceux qui se seraient laissé surprendre. Tous iraient grossir de leurs valeurs et de leurs personnes le bagage de l'étranger. Ce serait bien pis que la révocation de l'édit

---

Premier citoyen. — En attendant tu vas dîner.

Deuxième citoyen. — Que faire? l'homme de sens doit prêter son concours à l'Etat.

Premier citoyen. — Et si l'on te défend d'entrer?

Deuxième citoyen. — Je baisserai la tête et j'entrerai.

Premier citoyen. — Et si les femmes te font fouetter?

Deuxième citoyen. — Je les citerai en justice.

Premier citoyen. — Et si l'on te rit au nez?

Deuxième citoyen. — Je me tiendrai à la porte...

Premier citoyen. — Et puis?...

Deuxième citoyen. — Je sauterai sur les plats au passage...

Premier citoyen. — Vas-y donc, mais après moi...

Aristophane (*L'Assemblée des femmes*).

de Nantes. Car il n'y a pas que des parasites parmi les riches. Les propriétés perdraient 80 0/0 de leur valeur actuelle. Après dix ans et même moins, l'inégalité des intelligences, des efforts et des chances aurait ramené l'ère des privilèges et des injustices. Les enragés d'égalité verraient quelques aristocrates réduits à la misère. Cette satisfaction donnée à leurs rancunes compenserait-elle l'immense désordre qui résulterait de la liquidation sociale? Que ferait un ouvrier d'un canapé doré et d'un tilbury sans chevaux? A qui vendrait-il ces objets? Il se prépare en Europe un bouleversement en comparaison duquel la révolution de 1793 n'aura été qu'une pâle idylle. Ce sera, en quelques pays, où la propriété est suffisamment morcelée une vengeance et une orgie, mais rien de plus. Si la Société repose dans quelques contrées sur une pointe d'aiguille, si partout elle se trouve en équilibre instable, elle reviendra forcément, épuisée et appauvrie, à cette propriété individuelle, qui est la cause de mille maux, mais aussi de mille biens, et qui est sa base. Aura-t-on du moins fait acte de justice? Si des fortunes remontaient manifestement à la conquête, si elles étaient visiblement le fruit de la rapine et de la violence, les spoliés seraient peut-être en droit de les reprendre aux spoliateurs. Mais il n'en est guère assurément dont l'origine soit aussi lointaine. La plus vieille aristocratie remonte aux croisades. Encore cette origine est-elle le plus souvent d'une très douteuse authenticité. Certaines donations royales ont été dictées par de honteux motifs. Cela n'est pas douteux. Mais le moyen de démêler toutes ces choses et de les séparer de la part légitime du travail. ? La liquidation sociale n'est donc en France que l'extorsion de fortunes particulières au profit d'une génération qui ne croit pas en un Dieu Rénumérateur — Vengeur et qui veut jouir tout de suite du travail accumulé par les générations précédentes. En France, il n'y a point de Gracques, il n'y a que des Catilinas (1).

---

(1) César sembla reprendre les projets de Catilina. Les provinces gagnèrent à la révolution qu'il accomplit un meilleur gouver-

Est-il possible de frapper d'un droit progressif la fortune du bisaïeul, de l'aïeul, etc., Comment démêler leur part de celle du père? Les gros capitaux sont l'âme des grandes entreprises ai-je dit. Celui qui les détient est puissant, mais il donne du pain à des milliers d'hommes qui vivent de ses idées. S'il emploie mal sa fortune, s'il abuse de sa position pour exploiter ses subordonnés c'est à l'opinion publique à le flétrir, c'est à l'Etat peut-être à s'interposer. M. Pierre Denis revenu de la chimère des revendications violentes se berce de l'espoir que les machines seront dans l'avenir les esclaves de l'homme. Ce rêve n'a rien de sanglant, mais il est illusoire. Les machines

---

nement. Elles cessèrent d'être une proie pour les jeunes viveurs ruinés de l'aristocratie républicaine. Quelques plébéiens de marque s'enrichirent des dépouilles des vaincus. Mais ni lui ni Auguste ne touchèrent aux propriétés. Ils rallièrent autour d'eux tout ce qu'ils purent de la vieille aristocratie pour consolider leur pouvoir. Le tour était joué. Le menu fretin, le vulgus, resta vulgus comme devant, et n'emboursa guère que des coups. Napoléon Ier fit-il autre chose? J'ajouterai : pouvait-il faire autre chose?

en se perfectionnant diminueront le travail de l'homme sans le supprimer. Il n'y aura jamais de machine capable de semer, récolter, engranger. Il y aura donc toujours « un nègre de l'usine» « un ilote du champ.» J'ajoute que ce serait grand dommage, que la suppression de tout travail. Cet Eldorado des paresseux serait le véritable séjour de l'ennui, un enfer. .

Rien de tout cela n'est pratique. L'humanité tourne dans le cercle de ces impossibles *utopies*, comme un lion dans sa cage. Elle ne descellera pas les barreaux de sa prison. L'oiseau, lui, a des ailes ; mais le vaincu n'a que la Foi ou le Suicide pour échapper à ses tortures. La Société peut lui venir en aide ; alors, elle fait acte de charité. Tant qu'il y aura des hommes, il y aura des injustices. Un éternel ananké pèse sur notre planète. L'humanité est en proie à l'inégalité des fardeaux, résultant de l'inégalité des intelligences, du travail et des chances. Au fond l'inégale répartition des biens est peut-être moins injuste que les maladies héréditaires. Alexandre-le-Grand montrait la voie aux socialistes, quand il voulait conquérir la lune. Les penseurs dignes de ce nom doivent se croiser contre les appétits allumés par les charlatans et des jeunes gens naïfs, et qu'emportent la vanité et l'imagination. Si dure qu'elle soit, mieux vaut la Vérité que la Chimère !!

L'orgueil des nobles ou de ceux qui se disent tels est insupportable. Ils ne nous reprochent rien tant que notre naissance qui est précisément la chose du monde qui nous échappe le plus. La leur ne leur a pas coûté grand mal. Mais il y a dans l'honneur du nom une force qu'un gouvernement habile doit savoir mettre en œuvre. Il n'a point à s'inquiéter des jalousies des gens qui s'étonnent de ne voir pas les marquises épouser leurs cochers. Nous sommes tous très entichés de nous mêmes, et de nos faibles avantages. Je crois même, que Dieu n'a placé cet amour-propre dans la misérable citrouille que nous portons sur nos épaules, citrouille destinée à pourrir bientôt et qui ne vaut que par le pur rayon d'en haut qui l'éclaire, que pour nous mettre à même de mener à bien quelque entreprise de longue haleine. La révolution a enlevé aux nobles les priviléges attachés à leur naissance. L'opinion fait le reste de leur puissance, avec leur fortune. (Ah ! ce n'est pas grand chose aujourd'hui qu'un prince sans le sou !) L'opinion raisonne mal sans doute ; éclairez là ; pour moi, je préfère l'ancienne aristocratie pieuse et vaillante, à nos parvenus de la finance, qui sont à l'abnégation et au patriotisme ce que le pôle Sud est au pôle Nord ! Chefs des nihilistes ! vous avez tous été précepteurs chez des riches insolents ; et vous vous êtes surpris à envier le sort de ces néants orgueilleux et de ces somptueuses nullités, au lieu de prendre en pitié et en dédain ces enfants gâtés du hasard !

Bonnes gens ! qui prêtez l'oreille aux discours des beaux parleurs, songez à tout le sang que vous avez versé en juin 1848, en mars et en mai 1871, pour arriver à quel résultat ? Vous nommez tous ces courtisans du peuple-souverain, ces plébicoles, députés, sénateurs et le reste ; je vois bien ce qu'ils y gagnent, mais non ce que vous y gagnez ! Prenons un exemple ! Une des fortunes les plus étonnantes de notre temps, est assurément celle de M. Gambetta. Il la doit à son courage, à son éloquence, assurément ; mais aussi aux séductions des idées communalistes qu'il prônait à Belleville, quand il savait pouvoir en promettre sans danger la réalisation à ses électeurs. Mais les événements se sont précités, la route du pouvoir s'est ouverte devant lui ; il a pris peur, en songeant qu'on allait lui demander l'exécution de son programme et il s'est empressé de nier qu'il y eut une question sociale ! Il était de bonne foi d'abord, je n'en doute point ; mais, chemin faisant, ses yeux se sont dessillés, à mesure qu'il s'enrichissait d'idées pratiques et d'expérience. Le triomphe de M. Gambetta et de M. Grévy dont le portrait remplace aux vitrines des marchands d'actualités les portraits de l'empereur Napoléon, le Socialiste Couronné, n'a pas fait baisser d'un sou le prix du vin ou du pain. Au contraire, leur triomphe a malheureusement succédé à celui des Prussiens, au paiement des 5 milliards, toutes choses peu propres à activer l'essor de l'industrie en activant celui de la consommation et de la production. Quant à Napoléon III ; il n'a éteint d'autre paupérisme que le sien. Il a fondé des crèches, des asiles ; il a allumé des fourneaux économiques. C'est cher au prix d'un coup d'état, de la liste civile, et du reste.

Toutes les utopies qui sont comme un tremplin d'où les ambitieux s'élancent sur le dos des pauvres gens sont le plus sérieux obstacle à la réalisation des progrès possibles. Elles entretiennent une agitation stérile. L'ordre, la sécurité, la paix sont avant tout nécessaires à l'étude des réformes. Prôner la Convention et ses horreurs, comme un idéal de gouvernement, c'est recommander la fièvre typhoïde comme règle d'hygiène. La Convention a défendu le sol contre les ennemis du dehors et du dedans. Là est peut être son excuse. Mais s'il avait fallu acheter de tant de têtes la création de l'école Polytechnique, du bureau des longitudes, du conservatoire des arts et métiers, de l'Institut de France, de l'école normale supérieure, et même celle du grand Livre de la dette nationale, il faut avouer que c'eut été payer cher des créations utiles qu'on eût pu établir bien tranquillement. Il est vrai qu'il y aurait eu moins de mise en scène et que poètes et rhéteurs se seraient vus frustrés d'une mine à sottises inépuisable. O idée ! disait Gassendi à Descartes ; O chair ! disait Descartes à Gassendi. O imagination ! pourrait-on dire aux Français !!!...

....Mais laissons les chimères ! Les Congrès ouvriers qu'il ne faut pas interdire, parce qu'ils sont des yeux, ont révélé de réelles misères. Tant que dans une organisation sociale quelconque, une femme peut ne gagner que 0 fr. 50 centimes par jour, l'assise de cette organisation sera vacillante. Les mineurs cruellement décimés par trois des antiques éléments ne veulent plus mourir pour 2 fr. par jour ! L'Etat ne peut-il intervenir ? J'admets qu'il ne s'empare pas des grosses exploitations, par respect de la propriété individuelle et aussi parce qu'il exploite à moins bon compte que les particuliers. (1) Mais ne

---

(1) Pourtant il doit reprendre les chemins de fer pour raisons stratégiques.

peut-on établir dans les Chambres une commission dite « des salaires), chargée d'intervenir entre les Princes de l'industrie et leurs ouvriers ? Elle citerait ces princes à sa barre, et jugerait du différend, pièces et tarifs en main. L'on trouverait sans grands efforts le moyen de punir les exploiteurs récalcitrants. Il n'y a pas que de gros industriels dans les Chambres ; et d'ailleurs la commission des salaires serait surveillée par l'opinion publique (1). Est-il de l'intérêt de l'Etat de se faire concurrence à lui-même ? N'a-t-il pas plutôt à panser (s'il ne la peut guérir), la plaie qu'il porte au

(1) Proudhon a inspiré aux ouvriers une véritable horreur de l'Etat, les privant ainsi de la seule force qui puisse contrebalancer en leur faveur l'influence de la fortune. Exciter les convoitises ou les légitimes revendications des gens sans leur donner le point d'appui nécessaire pour les réaliser, n'est-ce pas jeter ces malheureux dans des aventures sans d'autre issue que des rages et des vengeances stériles ? O misérable rhéteur ! dont l'on retrouve la trace dans les incendies de la Commune, dans les massacres des otages, dans tous les excès du prolétariat, assommoir intellectuel des masses que tu as grisées et perdues, sois maudit !!!

flanc et qui le dévore ? L'Etat doit ouvrir aux femmes ses bureaux, les employer dans les télégraphes, les chemins de fer, s'approvisionner de préférence chez les industriels et les commerçants qui les emploieront ! Les Couvents si utiles au moyen-âge et dans les temps barbares pour la conservation des manuscrits et de l'agriculture, le sont beaucoup moins aujourd'hui. Ils ne sauraient plus être que des asiles de la prière ouverts aux vaincus de la vie, et non une pieuse association de commerçants. La charité ne commande pas aux femmes désintéressées de faire mourir de faim celles qui n'ont pas le pouvoir ou même le droit de l'être. Il faut leur interdire ces travaux de luxe qui feraient vivre des mères de famille. La question du travail dans les prisons est plus délicate. Cependant si l'on tient à moraliser le condamné, il semble que les travaux agricoles sont ceux auxquels il faut d'abord recourir. D'ailleurs après 3 vols successifs tout individu devrait être déporté. Distinguons entre les appétits déraisonnables et les souffrances réelles. Loin de mettre obstacle aux associations ouvrières l'Etat les doit favoriser de toutes ses forces. Il y a d'abord à encourager celles qui ont pour but de parer aux misères nées des maladies et des chômages. L'ouvrier qui ne gagne que 4 fr. par jour ne peut faire d'économies. Quelle perspective pour lui que la vieillesse ! Créons pour les Invalides du travail, des maisons de refuge ! On peut demander à l'ouvrier une légère contribution quotidienne dans ce but. L'Etat aurait l'esprit de suite que ne peut avoir un ouvrier dont le salaire suffit à peine à l'entretien de sa famille. Il ne ferait pas une aumône, ouvertement du moins. Son autorité semblerait douce et paternelle, et prudente. Moins vaut force que sagesse. Ulysse ne fut-il pas plus utile aux Grecs qu'Achille.... ? Donc les Chambres doivent élire une commission en vue de l'établissement des Invalides du travail.

Le marché souffre d'un mal qu'il était aisé de prévoir : l'excès de la production sur la consommation Puisque l'on ne peut ni abolir la concurrence , ni briser les machines, ni organiser le travail, les Chambres doivent se préoccuper avant tout d'ouvrir de nouveaux débouchés à notre commerce et à notre industrie. Imite-on dans les conseils du gouvernement l'activité des Anglais ? Notre corps consulaire est-il à la hauteur de sa mission ? La France semble se replier sur elle-même, à l'heure où les autres nations débordent de toutes parts. Le Français quittera difficilement ses foyers tant que le gouvernement ne lui dira pas : ici tu peux vendre tes tapis, là tes laines, là tes machines ! etc. Donc une Commission « d'initiative » est également nécessaire. Si l'on répond à ma proposition que de la sorte le délibératif empiète sur l'exécutif, je répondrai que l'exécutif n'exécute rien de ce que demande nos besoins nouveaux. L'on dort dans ces bureaux des ministères qui nous gouvernent de plus en plus, depuis que la politique est devenue un jeu de bascule ministériel ! Grâce à eux, la France est à l'Angleterre ce que la province est à Paris ! Cependant, ne l'oublions pas, malgré les déclamations des philantropes nuageux, une nation est un corps qui vit aux dépens de ses voisins. Une nation est un ulcère ! Demeure-t-elle stationnaire ? C'est que sa force d'expansion s'arrête. Peu à peu les bords du cratère se dessèchent, s'écaillent ; c'est au tour du voisin à empiéter. En vain colore-t-elle son inactivité de nom de philantropie, de sagesse : c'est la force intérieure qui manque ! Monsieur de Bismarck ne compte que les nations qui s'étendent. L'histoire lui donne cruellement raison. Hé voyez où nous ont menés les rêveurs ! L'organisation des sociétés de consommation et de production n'a point à être soutenue par l'Etat. Il n'a qu'à ne les point interdire.

De vastes écoles professionnelles permettraient aux ouvriers et aux ouvrières de lutter avec plus d'avantages. L'ensemble de la civilisation y gagnerait. S'il est vrai que la dépopulation des campagnes a pour cause bien effective, non la séduction qu'exerce naturellement la ville sur les imaginations campagnardes, non l'espoir de gagner plus en travaillant moins, mais bien l'accaparement du sol ; peut-être l'Etat serait-il en droit de dire à un gros propriétaire terrien : « votre part du sol est trop large déjà ; vous devenez dangereux, pour les autres et nécessairement pour vous-même ; « arrêtez-vous !!! » Cette mesure serait-elle plus odieuse que l'ostracisme ?

Toute acquisition de terrain par une compagnie doit être examinée par la Chambre avec le plus grand soin. L'empire a, peut-être laissé, les biens de main-morte s'accroître au-delà du raisonnable. C'est une tentation pour les forçats de la misère.

Il n'y a rien à tenter ni pour ni contre l'introduction des machines agricoles dans les campagnes: c'est le progrès! Chacun est maître chez soi. Au gouvernement de s'inquiéter des bras qu'elles remplacent ! Peut-on interdire la négociation des valeurs et l'agiotage qui en resulté? Cependant les tribunaux ne sont pas faits que pour les voleurs de grand chemin ! De rusés philantropes ont construit de petites maisons à l'usage des ouvriers des villes ou des campagnes. Ces ouvriers après quelques années auraient pu en devenir propriétaires. Mais l'ouvrier des villes change souvent de résidence ; ces maisons retournaient toutes aux propriétaires. L'ouvrier avait seulement payé un loyer un peu plus cher.

La Compagnie d'Anzin s'occupe des enfants des ouvriers ; elle leur ouvre des écoles ; elle donne aussi une maison et un jardin à leurs parents. L'Etat peut assurer de semblables avantages aux ouvriers de ses chantiers et de ses manufactures, en leur garantissant le remboursement de leur part de propriété, dans le cas d'éloignement forcé. La crise sociale est arrivée à un tel point elle peut sous l'influence de certaines circonstances, éclater avec une telle violence que ce n'est pas faire acte de poésie ni de sentiment que de conseiller aux patrons d'associer dans la mesure du possible les ouvriers à leurs bénéfices.

« Quant à la participation des ouvriers aux bénéfices de l'industrie, dit M. Michel Chevalier, participation dans laquelle beaucoup de personnes font exclusivement consister l'organisation du travail, je crois qu'elle va s'introduire graduellement dans les habitudes. Cette participation est destinée à changer le caractère de l'industrie en changeant celui de la masse des travailleurs. Elle donnera à ceux-ci une dignité, un amour de l'ordre, un esprit de conduite auxquels ils ne parviendraient pas autrement. Les luttes sourdes qui existaient entre les maîtres et les ouvriers, et qui occasionnaient tant de désordres, tant de petits dégâts, tant de déperditions de forces vives, disparaitraient alors comme par enchantement ; et ce sont surtout ces motifs de l'ordre moral, politique et social, qui quant à présent, me le font ardemment désirer. » L'Etat qui est tout le monde ne pouvant fournir le crédit gratuit à l'ouvrier, c'est l'association seule qui peut le lui procurer. La victoire est le prix de la persévérance. Les associations contre les maladies, le chômage, peuvent être encouragées, par l'Etat.

Le petit commerce est actuellement écrasé par de gros commerçants qui dans des sortes d'opulents bazars, vendent toute espèce d'objets. Le client séduit par la possibilité de satisfaire à ses besoins sans se déranger davantage, par le bon marché que les commandes en grand permettent de réaliser, délaisse peu à peu les petits magasins. N'est-il pas juste de frapper les gros commerçants d'un impôt proportionnel au nombre des espèces d'objets qu'ils débitent ? Ce sont des mesures d'allégement. Il n'en est d'autres !

Les femmes ne peuvent devenir électrices et éligibles que lorsqu'elles suffiront aux charges de la guerre. Or, la Nature ne semble pas les avoir conformées pour être mères et amazones tout ensemble. Mais l'Etat peut lever les barrières, s'il en est, qui les empêchent de devenir médecins, avocats. Le féminin de ces substantifs nous manque. L'on ne vit point de poésie !

L'établissement du divorce est une grave et délicate mesure. Les ennemis de cette mesure (outre les chrétiens pour qui le mariage est un dogme) font valoir cette raison que l'établir aujourd'hui, c'est choisir précisément le moment où la société française s'émiette pour faire disparaître un des liens qui la retiennent le plus. Cependant de récents procès nous ont révélé des misères atroces. L'établissement du divorce, tant pour les adultères bien constatés, que pour les peines infamantes semble mûr. Je ne vois pas en effet de différences pour le malheur, entre un galant homme, épousant, par mégarde, une coquette, et une honnête femme en proie à un malfaiteur légal. Celui-ci bat sa femme, lui vole ses nippes, les vend pour boire avec des filles ; l'autre, torture et ridiculise un honnête homme. La loi se reconnaissant athée, chose humaine partant peccable, se doit montrer tolérante et exorable dans certains cas. Mais n'ébranlons pas imprudemment une des pierres de soutenement de notre pauvre édifice social. Point de divorce sans adultère, point de divorce sans peine infamante !

Pour les employés de l'État il n'y a qu'à suivre la voie où M. Cochery est entré ; il supprime (?) nombre d'emplois inutiles, afin de mieux payer les petits employés. Un point est établi ; les employés des postes et des télégraphes que j'ai consultés se montrent contents des mesures prises à leur endroit. Les querelles entre employés de commerce et patrons ressortiraient à la Commission dite des salaires, si on l'établissait ; pour le reste, il n'y a de remède que dans l'essor donné au commerce par le gourvernement, soigneux de lui ouvrir des routes nouvelles. Avec une bonne conduite, une grande activité, un employé de commerce doit parvenir à une belle situation. Sans doute, il lui faut lutter : mais c'est la loi Commune ! L'instruction des employés leur rend bien plus facile qu'aux ouvriers la création de sociétés de secours mutuels. Pour les sociétés de consommation ils se peuvent entendre avec eux.

Déjà nos ingénieurs sans ouvrage vont demander à l'étranger une fortune que la Patrie leur refuse. C'est le plus court, au lieu de consumer une stérile jeunesse dans des récriminations sans fin. Nulle force ne peut imposer un ingénieur à un industriel, qui n'a pas besoin de ses lumières.

L'Université n'est pas assez indépendante. Un enseignement officiel autre que l'enseignement primaire, c'est-à-dire le pain bis de l'intelligence, c'est quelque chose de monstrueux, c'est un non-sens. Se figure-t-on l'Etat philosophe, l'Etat naturaliste, l'Etat mathématicien ? N'est-ce pas assez que le jury de l'Etat ait condamné le grand Claude Bernard, sans rémission ; et n'avons nous secoué le joug de l'Eglise en matière de sciences que pour retomber sous celui de l'Etat ? L'enseignement sans la liberté n'est pas digne de ce nom ! Des universités libres, subventionnées par l'Etat, seraient cent fois préférables, car l'Etat a surtout la garde des intérêts matériels. Notre enseignement supérieur philosophique est sans nerf, vague, tiède, incolore, anémique. Le professeur craint de se compromettre. De plus, se sentant imposé par l'Etat il se croit imposant et ne sort du cercle des études officielles. Il ne sait ni un mot d'anatomie ni un mot de physiologie. Il est incapable de soutenir la plus petite lutte contre les matérialistes modernes. La vie abandonne cette vieille carcasse de la Sorbonne ! L'on ne s'en inquiète même plus, dans le monde qui lutte et qui pense ! La République dote l'enseignement *dit* supérieur de bibliothèques, de laboratoires. Voilà qui est bien.

De vrai, c'était sous l'empire une véritable anémie. Mais rien, non ! rien ne vaut la liberté !! Que ne laisse t-on comme en Allemagne des chaires d'athéisme s'élever ? La lutte engendrerait des philosophes et non des professeurs de philosophie !

Ah ! bourgeois peureux ! Dieu sortirait toutoujours vainqueur de la lutte, comme le soleil des nuages !! Les universitaires soumis corps et âme au gouvernement, supportent tous les inconvénients des corporations sans en connaître les avantages. Ce sont de misérables grains de poussière. L'intelligence ne peut être toujours ainsi tenue en lesse par l'Etat. Est-il rien de plus avilissant pour l'homme que cette défiance où l'Etat tient les hautes lumières ? Quand donc les vrais penseurs seront-ils libres ? L'air est plein des clameurs des sots. L'on ne baillonne que le savoir. Si le savoir est à ce point dangereux, périsse le monde !

Dans l'état actuel de l'enseignement en France, il est des abus ridicules. Le vers latin reste la pierre d'assise des examens littéraires supérieurs ! O Diafoirus ! L'axe de la civilisation s'est déplacé ! Les Grecs et les Latins ont été nos maîtres ; et nous avons été les maîtres de l'Europe. Mais nous ne le sommes plus. Des nations jadis barbares sont entrées dans le concert de la civilisation ; elles ont poli leur langue, elles se sont créé une littérature, et elles apportent dans les recherches de la science et dans l'examen des questions de la philosophie, la fougue et la verdeur propre aux tempéraments jeunes et nouveaux ! Ne restons pas enfermés dans notre caducité stérile, et dans notre orgueil déplacé ! Pour les examens d'agrégation plusieurs jurys sont nécessaires. Il suffit pour arrêter à jamais un candidat qu'il déplaise à une vaniteuse et méchante nullité, juchée sur son tribunal par un des ministres éphémères que la crainte soudaine d'une chute prématurée, retourne du bien public à celui de leur famille ! L'idée même qu'il sera jugé par un juge partial enlève au candidat toute ardeur, et toute confiance en ses forces. L'Etat devrait rendre aux universitaires qui ont quitté l'université l'argent qu'il a prélevé pour leur retraite sur leur maigre traitement.

M. Jules Simon entraîné par des Allemands, a voulu traiter les enfants comme des hommes. Le défaut actuel de l'université pour l'enseignement des lettres et de l'histoire, est déjà que l'on y gâte trop de papier. (Le mal serait moindre, si tous ces devoirs étaient corrigés par le professeur.

Mais le croirait-on? il y a maint et maint élève qui dans toute une année n'a pu attirer à lui la bienveillante sévérité de son Minos enjuponné). Son instruction se compose de bribes attrapées au vol. A la veille du baccalauréat l'élève refait ses études, à la hâte, et se gonfle outre mesure d'aliments qu'il ne digère pas. Le métier de préparateur au baccalauréat consiste le plus souvent dans l'art d'accommoder les restes *grammaticos vocant analectas* ! (Pline) » M. Jules Simon dis-je, entraîné par des idées allemandes, a considéré les enfants comme des hommes. Exiger de gamins de 14 ans qu'ils lisent de longs ouvrages la plume à la main, c'est penser comme ce bon Monsieur Prudhomme ; c'est se laisser aller en matière d'éducation, aux douces rêveries des membres de l'Internationale.

Pour savoir bien une langue il faut faire nombre de thèmes dans cette langue. Beaucoup de professeurs n'expliquent pas assez les textes des auteurs. Ils substituent trop souvent leur chétive personnalité aux professeurs autrement éminents qui ont nom Eschyle, Cicéron, Démosthènes, Thucydide, Corneille, Racine etc. Une chose restera de la réforme de M. Jules Simon, c'est la condamnation du Conciones, cet absurde recueil de discours séparés du corps de l'ouvrage, fleurs anémiques de cette serre de rhétorique, qui a déjà de ses odeurs empoisonné tout le pays ! L'étude des sciences se fait trop rapidement dans les Lycées. Quand un élève n'a point un bon répétiteur, il ne peut suivre les cours. Les élèves sont trop nombreux, et sont trop loin de l'expérimentateur pour que l'expérience soit autre chose qu'une prestidigitation. Les 8/9 des bacheliers es-sciences ne connaissent la physique et la chimie que par les livres, c'est-à-dire, en rêve.

La France avec son système actuel d'éducation est exposée au retour périodique d'une commune, tous les 7 ou 8 ans. Avec tant de modèles, chacun aujourd'hui se peut faire illusion sur son propre talent. De là tant d'artistes et de poètes incompris. En vérité ! C'est trop de lettrés misérables ! La seule manie de l'égalité qui corrompt les Français jusqu'aux os les a empêchés de rendre fécond l'essai de certaines réformes. Si l'État persiste à se charger de la direction de l'enseignement secondaire, qu'il ouvre des écoles pratiques, menant à une profession pour les enfants sans fortune. Il aura d'abord à lutter contre les vanités des bourgeois-gentilshommes, mais enfin la victoire restera au bon-sens. Les enfants suffisamment riches, ou désignés par leurs professeurs comme méritant une bourse de l'Etat, se verraient réservées les études dites libérales. Il n'en faut pas tant ! Les programmes sont trop chargés. Une langue savante (le latin exquis et savant a fait ses preuves ; il serait la langue des dieux, n'était le grec), une langue vivante, un peu d'histoire et de mathématiques, c'est tout. La philosophie fait plus de mal que de bien, enseignée à des esprits de 16 ans. On ferait la part plus large à l'escrime, à l'équitation, à la natation, aux exercices du corps. Les heures d'études de 15 seraient réduites à 7 heures par jour. Les études pourraient alors justifier leur nom « d'humanités. » Peut être arriverait-on ainsi à former une bonne race, une sorte de noblesse ouverte, pépinière d'officiers excellents, suffisamment instruits, durs à la fatigue. Pour satisfaire aux idées d'égalité, les élèves pourraient être réunis aux heures de recréation, habiter dans les mêmes bâtiments, porter les mêmes uniformes. Ceci d'ailleurs est moins important qu'il ne semble. Les amitiés du collége n'en dépassent point le seuil quand les amis ne sont pas du même monde. L'orgueil de ces misérables citrouilles dont j'ai parlé, ne s'embrasse que dans l'ossuaire des catacombes. L'enseignement serait profondément religieux et l'on enseignerait partout que la première des vertus est l'abnégation.

Je préfèrerais les Universités libres, et la concurrence, l'Etat conservant seulement le droit d'inspection, le droit de subvention, et celui d'imposer des exercices militaires, le tir à la cible, notamment. L'Etat doit immédiatement se préoccuper du sort des maîtres d'études des lycées et colléges, et leur donner les moyens de s'instruire. Il fera des heureux, trouvera des maîtres d'études plus facilement, et ces maîtres d'études lui fourniront ensuite des bons professeurs. Mais l'on ne peut obliger un chef d'institution à laisser à ses maîtres d'études le temps de suivre des cours, de fréquenter la clinique. Chacun ai-je dit, est maître chez soi. Cependant la commission dite des salaires pourrait veiller à ce que nulle part la journée de l'ouvrier, de l'employé, ne dépassât un certain nombre d'heures. Une loi de 1848 fixait la journée des ouvriers à 10 heures. C'est beaucoup déjà. Pour les maîtres d'études, c'est la porte de l'enfer close à jamais !

Il n'y a pas longtemps que la presse a mené grand tapage à propos de la détresse où se meurent les lettres, et a demandé pour elles la protection de l'Etat. Je crois que c'est demander à l'Etat de donner un coup d'épée dans l'eau. Sans doute il est permis à l'Etat d'obliger le directeur d'un théâtre subventionné à donner deux ou trois pièces de jeunes auteurs par an. Il lui est loisible même d'élever un théâtre où l'on ne jouera que des pièces de jeunes gens. (Certes des citoyens regretteront leur argent ; mais ils ne seront pas plus lésés que les habitants d'un village des Landes ou de la Savoie, contribuant à l'érection et à l'entretien de l'Opéra et du Théâtre-Français. En échange, Paris ne rend-il pas à ces derniers mille services? Point de nation digne de ce nom sans ce mutuel échange de bons offices!) Le gouvernement peut encore obliger son directeur qui. en effet, ne sera qu'un fonctionnaire à ne pas juger définitivement un auteur sur son coup d'essai. De nos jours l'auteur doit réussir d'abord, et d'éclatante façon, sinon son échec reste seul dans le souvenir de ce public peu studieux et fort léger. Cependant, que seraient devenus Corneille, Racine, Molière si on les eut appréciés avec cette rigueur? C'est là tout ce que les jeunes gens peuvent espérer de bon de l'Etat. L'éternel ananke qui poursuit le vrai talent, c'est la Pauvreté. Elle stimule ses efforts et les rend inutiles, elle lui souffle au cœur l'ambition et lui ferme les portes du succès. C'est une mère et une marâtre. L'homme de talent n'a point le temps de travailler. L'on ne vit pas, dit le proverbe, de l'air du temps ; les fumées d'une gloire future sont une maigre pitance. Tout artiste pauvre, exerce aujourd'hui un métier pour vivre.

Adieu donc les doux loisirs ! adieu la liberté d'esprit, nécessaires à l'élaboration d'ouvrages de longue haleine ! Nos oreilles sont rebattues de plaintes plus ou moins sincères sur la médiocrité de notre temps. Hé ! l'ami, quand vit-on plus d'efforts, et de plus vives intelligences ? Mais il n'y a plus de sinécures !!! Louis XIV, Boileau le dit à Louis Racine, Louis XIV allait au devant du talent. Sans lui, Racine qui n'eut guère de triomphes au théâtre eut enseigné le grec à Port-Royal. Louis XIV pensionnait le talent ou lui donnait une abbaye. Louis XIV était d'instinct un connaisseur. Il était un grand roi et savait qu'il est du devoir et du profit d'un chef d'Etat d'encourager les lettres et les arts. Mais quand le chef de l'Etat, pour une cause ou pour une autre, délègue ces délicates fonctions, ce n'est plus qu'eau trouble. Les académies, ces corps fortement constitués, qui à force de justice dans la distribution des récompenses et des pensions, pourraient entraver l'émiettement de la société française, sont dévorées par les coteries et le népotisme. Récemment par un singulier ricochet, l'Académie des lettres a doté le 3e de hussards d'une rente de 1500 fr , destinée, sans aucun doute, par le donataire, à encourager un jeune historien pauvre. Ces maladresses ne sont pas des pierres qui tombent dans l'eau ; elles ont un long retentissement dans des milliers d'esprits ambitieux, surexcités par la lutte. Mieux vaudrait, disent-ils, voir disparaître ces trompe l'œil. Nous économiserions l'argent des jetons de présence. Pour moi, je crois que les coteries sont la maladie des corps constitués. Un fonctionnaire responsable fera-t-il mieux les choses ? Il sera noyé dans les intrigants, corrompu par les députés chargés de le surveiller ! L'argent de la France ira s'engloutir dans les poches de quelque misérable créature ! Est-ce que les hommes de réelle valeur, poètes, artistes, musiciens, sont des quémandeurs, des courtisans, des intrigants ? Ils préfèrent à un honteux marchandage une fière résignation. Hé ! périsse ma gloire qui est un luxe plutôt que ma dignité qui est mon sang ! Que la France garde son argent, et qu'on nous donne la liberté ! Il est une gracieuse légende grecque : les premiers poètes (qui aussi étaient des musiciens), se laissèrent enivrer par la suavité de leurs chants; si bien qu'ils oublièrent de prendre aucune nourriture et périrent de faim ! Apollon les métamorphosa en cigales. Poètes ! nous chantons autant pour nous que pour le public ; si ce dernier — *Thracum genus* ! — si ce dernier ne veut point de nos œuvres, c'est tant pis pour lui autant que pour nous !

Le journal a éprouvé le sort commun aux choses qui réussissent ici-bas. Il est plus qu'en fleur maintenant ; il est entré dans les habitudes de tous.

Il a fait le plus grand tort aux livres. Le chrysocale a détrôné le bon argent. Bien des personnes ne lisent que leur journal ; encore leur arrive-t-il le plus souvent de le parcourir. De vrai, ces improvisations ne méritent rien de plus. Ils sont rares les articles qui valent d'être conservés ! (1).

---

(1) Encore ces articles destinés à un public peu délicat, ont-ils tous les défauts des lectures publiques des antiques *auditorium*. La langue n'y est pas choisie ; et l'écrivain y vise au trait. Il frappe fort plutôt que juste.

Nombre de gens toutefois n'ont d'autre nourriture intellectuelle. Ah ! ne soyons pas fiers de notre civilisation ! Un journaliste disait naguère que les imprimeries des journaux apprètent bruyamment la nourriture de l'esprit pour la Capitale à l'heure où les boulangers lui préparent la nourriture du corps. Il parlait sans rire..... mais sans être augure !!

Une élite, peu nombreuse, il est vrai, lit encore le livre, ce fruit mûri de la méditation. Elle écrit doucement, soigneusement, et ses œuvres surnageront sur cette mer qui aura englouti tant de retentissantes et de médiocres improvisations ! la valeur intellectuelle du journal a diminué en proportion de l'accroissement de sa puissance ! Les milliers de gens qui en vivent, se défendant contre ceux qui aspirent à en vivre, ne sont que rien moins empressés à pousser les concurrents. Ils désignent au public les œuvres nulles des nouveaux « celles dont ils n'ont rien à craindre » ils passent les autres sous silence ; ou à la 4e page de leur feuille, ils glissent au lecteur d'attendre pour acheter les ouvrages du nouvel auteur que son talent se soit muri. Ici nul sérieux ! nulle valeur critique ! C'est une foire ! Ces manœuvres d'ailleurs ne tirent point à conséquence. Cet article de la 4e page, il n'y a que celui qui en est l'objet qui le lit L'excès du mal est un bien ! personne ne croit plus au journal, c'est une maladie qui commence à disparaître !

Les jeunes poëtes, les jeunes prosateurs pauvres qui ne vivent point de politique, doivent délaisser le journal qui les trahit s'ils ne le paient. Qu'ils se disent bien que c'est malgré le journaliste et non par lui que l'écrivain « arrive, » et que, quand « il est arrivé » il en vit comme il vit d'une autre actualité. Associez-vous donc, jeunes gens ! ouvrez boutique ! et lancez des prospectus ! Il n'est pas mille manières d'aller à l'attention publique et de la provoquer !

Il y a beau temps qu'un lettré, un dilettante oisif et riche, aurait dû fonder une tribune poétique, réunir, grouper les talents épars sur la vieille et riche terre française ! Mais depuis que l'on ne fait plus rien pour Dieu, l'on ne fait plus rien pour la patrie ni pour l'humanité ! Les voyous de lettres qui insultent Dieu chaque matin et démoralisent leur pays ; ces satellites stipendiés ou désintéressés de la Prusse, ne songent qu'à vivre aux dépens des sots épais qui les applaudissent ! Ecartons nous de ce vomissement de Dieu, ou plutôt de cet excrément du diable ! Ce qu'un riche amateur eût pu faire, trouvant honneur et gloire, sans grands frais, ni grands efforts, un poète de talent, inaccessible à l'envie, à la passion de l'argent, M. Victor Billaud, vient de le réaliser à Royan. L'académie des Muses Santones est prospère ! c'est plaisir de voir fleurir ce vert rameau sur le vieux chêne gaulois !!! à Paris ceux qui ont tenté pareille œuvre comptaient plus d'espérances que d'écus, ou c'étaient des libraires en quête de réclame pour leur boutique ! Exceptons l'Académie des Poètes et M. Perthus ! grâce à M. Victor Billaud nous avons pu à côté de noms connus et même célèbres, remarquer les noms d'Ogier d'Ivry, de Ch. Grandmougin, de Gourdon, de François Melvil, de Philibert Leduc, etc. Je cite en passant, au hasard (1), Hé bien ! prosateurs, poètes,

(1) Je ne connais personnellement *aucun* des poètes que je viens de nommer, et même je

musiciens, encore dans le vestibule « du « temple de la gloire » faites de même ! Le reste n'est que vent et fumée !

Les artistes ont moins à se plaindre de l'Etat que les gens de lettres. Tous les ans

---

ne les ai jamais vus. Dans les journaux, où il a été parlé de l'académie de Royan, l'on s'est bien gardé de les mentionner. Mais l'on a cité les noms des poètes connus « ceux des bons petits amis ; » de la sorte l'esprit de l'institution était dénaturé. Ces gens-la vous dis-je rencontreraient Dieu sans le saluer s'il n'était pas de leur coterie ! Pauvres poètes ! Il est vraiment aujourd'hui des pièces de poésie pleines d'idées, de mouvement, d'originalité, de force, de grâce ! Il en est où l'auteur a bien étudié un mouvement de l'âme, une passion, il a réussi. Croyez-vous que la pseudo-critique de notre temps s'occupe de lui ? Mais elle consacre 3 colonnes de journal aux kilomètres de croûtes et de platras qui s'épanouissent dans leur orgueilleuse nullité sous le dôme de cette bâtisse des Champs-Elysées qui est un symbole ; —Paris ! Ville lumière dit V. Hugo. « Byzance » ! répond l'étranger qui montre notre factice engoûment pour les jockeys et les tableaux ! « fricoteurs » disent les Allemands ! Qu'y-a-t-il de vrai dans les réponses de l'écho ? A considérer froidement les choses, la France n'est pas en décadence. Mais elle renferme des éléments de décadence. Elle a conservé le goût du travail. Le peuple des campagnes et des villes de deuxième ordre me parait sain malgré les ravages du scepticisme, ainsi que la petite bourle salon leur est ouvert.... ou fermé. Je sais bien que l'on y récompense souvent des hommes qui ne sont pour me servir d'une expression de Préault, que de hautes médiocrités. Corot attendit 17 ans une

---

geoisie et l'aristocratie terrienne. Dans les très grandes villes, le luxe effréné d'un certain monde, les scandales financiers des gens moins scrupuleux que pressés d'arriver à la fortune ont eu un triste contrecoup dans les masses ouvrières ! Beaucoup d'ouvriers ont senti s'allumer en eux d'ardentes convoitises. Beaucoup encore se croient de bonne foi les apôtres armés d'une nouvelle organisation sociale, mieux fondée sur la justice et la vertu. Ils attendent leur Christ ! Tant de faux prophètes qui n'ont réussi le plus souvent qu'à l'édification de leur propre fortune, ne les ont pas guéris de leurs illusions. Ils espèrent toujours ! En vain leur dit-on de ne pas attendre un Christ qui ne peut, qui ne saurait venir !!! Presque tout ceux qui touche aux arts, aux lettres est gâté par la lutte. L'homme « arrivé » en dépit de mille injustices, de mille affronts, veut naturellement jouir de la situation qu'il a si péniblement conquise. A son tour il est injuste et cruel contre ceux qui veulent « arriver ». De victime il devient bourreau. Cet enchainement d'injustices éteint à la longue tout patriotisme. C'est sans doute cet égoïsme que les Allemands nous reprochent sous le nom de « fricotage ». La désorganisation commence toujours par les sommets vers lesquels tous se précipitent. C'est une loi ;

médaille d'or. Il est des maux inévitables. Le génie sera toujours la proie des envieux auxquels l'abandonne tout vif la publique ignorance ! La médiocrité se hâte de lui dérober le temps présent sachant qu'il a tout l'avenir pour se dédommager ! Les

---

c'est ainsi qu'Athènes, Rome et tant d'autres cités ont commencé de mourir. Le produit commercial français est apprécié de l'étranger pour le goût qui préside à sa confection et le marque d'un cachet inimitable ; mais il est souvent soupçonné d'être « pacotille, camelotte. » Il faudrait surveiller les agissements séparatistes du midi. Dans le Nord les regrets « flamands » ne se traduisent pas encore peut être par des actes ; mais il est de ce côté des gens qu'il faut surveiller également. Notre consul de Belgique doit avoir l'œil tourné sur certains comités annexionnistes. Ajoutez à tout cela, les divisions des partis. Je crois que j'ai dressé le bilan de nos difficultés intérieures. A l'étranger les Français que les Belges appellent les gamins de l'Europe sont tenus en suspicion à cause de leur légèretés, de leurs turbulences, à cause de la résistance inattendue que la partie saine de la population a opposée après des désastres inouïs à une formidable invasion. C'est contre eux, non contre les Prussiens que la Belgique se prémunit !!! Les Français sont haïs à cause de leur longue prépondérance, de leurs longues guerres, de leur esprit, de leur goût, de leur

yeux des générations qui l'ont méconnu ne s'ouvrent pas à la lumière ! Il lui faut attendre patiemment que les générations qu'il précède, sortent du sein de Dieu, pour le suivre !

---

vanité, de leur tendance à calomnier leurs hommes de talent, même les hommes d'état qui leur ont rendu le plus de services, à cause de leurs bons vins, de la fertilité de leur sol. Les sympathies de l'aristocratie russe sont à fleur de peau. Celles de l'Angleterre sont plus solides, fondées sur l'intérêt. Mais l'Angleterre ne tirerait un coup de canon, qu'à bon escient, pour elle, non pour nous. D'ailleurs elle est loin d'être prête pour une lutte continentale. Le peuple Anglais ne se sent aucun goût pour la conscription ; et ses plébicoles l'endorment dans sa torpeur. Mais il vit dans une île et les Prussiens ne font pas de folies. Nos sincères amis ont besoin de nous, sont impuissants, sont des clients. C'est le Danemarck, c'est la Roumanie, c'est la Grèce ! Quant à la Bohême, il suffirait que François-Joseph se fit appeler roi de Bohême pour que elle devint simplement autrichienne. Si (ce qu'à Dieu ne plaise !) la France était vaincue définitivement, l'Italie reprendrait Nice et la Savoie, prendrait la Provence ; l'Allemagne recouvrerait (!) toute l'ancienne Lotharingie, toute la rive gauche du Rhône ! La Belgique recevrait pour sa part la Flandre française. L'Espagne : la Cerdagne et le Roussillon. Les Anglais : Calais et Bordeaux. Peut-être essaierait-on un royaume du midi. Les cartes sont faites. Que la mouche qui s'étourdit de ses bourdonnements se garde de l'araignée silencieuse !

L'ambitieux sans aucun talent souffre plus que l'homme de génie. C'est lui qui précipité du haut de ses hautes espérances, devient vindicatif et méchant. Cependant grâce à la chute imméritée du Misanthrope, de Britanicus, d'Athalie ; grâce aux souffrances des Corot et des Delacroix, à la longue agonie de Berlioz et de tant d'illustres inconnus, il a vraiment bien de quoi se consoler ! tout musicien sans auditeurs peut se croire un Berlioz, tout poète ignoré un Gilbert, tout peintre dédaigné un Delacroix.

Les peintres exilés du salon en appellent au public; ils s'associent, ouvrent leur salon particulier. Tel est, dis-je, la véritable voie, Les vaincus auront du moins à leur lit de mort la consolation d'avoir sérieusement tenté la fortune.

Ah ! s'il m'était donné de consoler les malheureux qui se désolent à l'idée que cette gloire, ces succès bruyants, ces couronnes, qu'ils espéraient dès le collége, leur échappent définitivement, et qu'ils ne verront jamais la Terre Promise !!! Enragés d'immortalité, leur dirais-je, songez combien de nullités n'ont dû qu'au hasard de leur naissance, cette immortalité, objet de votre ambition ; songez combien de scélérats la doivent à leurs crimes ; songez enfin combien de grandes intelligences se sont éteintes dans l'ombre et dans le silence ! O Corneilles morts laboureurs ! O Mozarts, demeurés organistes de village ! O cantatrices éminentes, étoiles perdues dans la nuit du moyen-âge ! Que ne vous réveillez-vous ? Que ne vous levez-vous de vos tombeaux pour consoler ces affamés de gloire, puisque aux yeux de cette misérable humanité, il n'est cataplasme si doux pour une blessure que la vue de la blessure d'autrui ! Et de quelle gloire parlons-nous là ? D'une gloire bien éphémère ! Car dans dix mille ans, combien de noms surnageront sur la mer des siècles ? notre globe lui-même n'aura-t-il point été se briser sur quelque écueil de l'océan céleste ?

Il ne me convient point d'user de pédantisme. Redescendons sur la terre et soyons de belle humeur ! Aussi bien ne sais-je comment il se fait que mes vers larmoient toujours quand je ris sans cesse ! Oncques ne vit-on si plaisante discordance entre la chanson et l'instrument !

Après nos désastres, partout l'on ne parlait que de Concours ! C'était avec la Géographie, la panacée qui nous devait guérir ! L'on eut dit que le maréchal Lebœuf avait pris la Meuse pour l'Escaut ! Bonnes gens ! il n'avait rien pris du tout pas même de bonnes cartes topographiques du théâtre de la guerre et surtout l'on manquait de soldats ! Toute cette fièvre a heureusement disparu ! Les concours sont de mise pour les jeunes gens, parce que le plus original talent du monde ne saurait s'avancer bien loin s'il ne sait s'assimiler les idées d'autrui. Point d'erudition, point de grand talent ! Le proverbe antique : « l'on naît poète et l'on devient orateur » est de niveau avec les autres proverbes ses confrères ; il ment. Le travail doit s'ajouter au talent naturel. Point de civet sans lièvre, mais point de civet sans sauce ! Mais de grâce, épargnez le supplice des concours aux talents déjà murs ! Le concurrent le plus heureux est celui qui ressert aux examinateurs leurs propres idées ! Le juge est ému d'une douce tendresse, d'une sorte de reconnaissance pour le fils intellectuel qui l'a si bien compris ! C'est avec la plus parfaite tranquillité d'esprit, avec la pure conscience du devoir accompli, avec le plaisir du gourmet qui a goûté de bien bonnes choses, qu'il se couronne de ses propres mains dans la personne du candidat victorieux !... Toute œuvre originale est écartée par jalousie ou par défiance ! (1) C'est s'afficher que d'applaudir à une œuvre nouvelle qui peut n'être qu'un monstre. Hé bien ! un homme supérieur avant trente ans même, a des idées propres, une manière à lui de juger les choses et de s'exprimer. Son tour d'esprit peut à la longue s'imposer au public, il ne saurait plaire à un juge ! La qualité virtuelle, conséquemment la principale, échappe aux épreuves d'un concours. Comment, en effet, apprécier dans un concours le sang froid d'un officier sur le champ de bataille, l'habileté d'un préfet

(1) M. Renan a exprimé d'excellentes idées à ce sujet dans son discours de réception à l'Académie française.

dans de véritables affaires, la souplesse d'un avocat dans une cause réelle ? Que valent chez un officier moins le sangfroid qui les met en œuvre tant de connaissances de toutes sortes, voire tant de connaissances tactiques ? Que valent pour les orateurs les triomphes faciles de l'école et de la coterie ? Dites-moi le nombre des avocats qui habiles à critiquer les hommes au pouvoir ne furent que des sots quand ils y parvinrent ? Dites-moi les poètes éclos dans la serre des concours académiques ! Oublie-t-on que Lamartine lui-même n'y obtint jamais à cause de son originalité la plus humble des récompenses ! Les concours mettent à mal la peinture et la sculpture, dont ils élèvent les médiocrités aux dépens du vrai talent. N'est-ce pas suffisant ? Dans l'Université cette terre classique des concours, le terrain sur lequel ils sont le moins déplacés, que de mécomptes, que de désillusions, n'offrent-ils pas ? En vain y peut-on apprécier l'érudition, la facilité, la netteté de la parole : tel docteur ne peut tenir sa classe, tel héros du concours d'agrégation est si obscur que mieux vaut l'enseignement d'un régent de province ! Car le point n'est pas de savoir beaucoup, mais de savoir enseigner ce que l'on sait. Il faut être clair, inspirer de la confiance aux élèves, être leur ami. Toutes qualités qui ne s'apprécient point dans un concours ! Dans les *concours* provinciaux, de simples collèges, au grand étonnement des simples, au grand scandale des intéressés, ont souvent vaincu les lycées. C'est à l'œuvre que l'on connait l'artisan ; c'est à l'œuvre qu'il se révèle souvent à lui-même. Laissez les supérieurs choisir leurs inférieurs, tout en vous réservant de leur demander compte de leur choix ;... et n'allez point par la crainte légitime des camarillas, tomber dans le danger et dans le ridicule de faire d'un rhéteur un général !

Les déclassés seront toujours des exilés à l'intérieur. César pouvait seul aider à la fortune du politique, de l'administrateur sans fortune. Par quelle loi, tous les déclassés de cet ordre se sont-ils trouvés les ennemis de César ? faut-il faire un honneur à notre siècle de cette hostilité ? L'illégalité du 2 Décembre, la déportation de tant de républicains, la confiscation de tant de libertés, l'ont-elles emporté dans leur cœur, sur leurs plus cheres et leurs plus nobles ambitions ? ou bien fut-ce que leur imagination les égara sur la réalité des choses ? Toujours est-il que Napoléon III recrutait difficilement, des hommes supérieurs pour son administration. Ils appartenaient presque tous au parti de la République ! Hé, bien! ilotes ; la République est venue ; il a lui enfin, ce soleil tant attendu !...... et le peuple a nommé députés, sénateurs, qui ? des millionnaires ! ceux-ci ont nommé, ou fait nommer, receveurs, préfets, sous-préfets, (et le reste!) leurs amis, leurs neveux, leurs cousins, voire les neveux, les cousins, les amis de leurs électeurs influents ! Les marquis viennent maintenant à la République. Dieu soit loué ! Montons au Capitole ! La République a des chances de durée ! Ah ! Elle n'est plus « la gueuse ! » Ah ! Elle paie bien ! et l'argent (un empereur l'a dit) l'argent n'a pas d'odeur ! Mais que sont devenus les républicains de la veille, les Démosthènes sans patrimoine, les Periclès sans le sou, les Brutus oubliés d'Hercule ? (1) Hélas! les foudres de leur éloquence se sont trouvées paralysées par la misère ! Hors d'état de payer location de salles pour réunions publiques, affiches électorales, réclames dans les journaux et le reste, ils ont vu passer le mirifique cortége des triomphateurs Gambetta et Cie. Gambetta d'un tremplin modeste (mais enfin il avait un tremplin !) s'est élancé à la gloire et à la fortune. Eux, ils ont continué à se galvauder dans leur misère, en restant un danger pour cette France qu'ils enrichiraient si l'on utilisait leurs talents. Espérance vous n'abandonnez jamais les malheureux mortels ! Les honnêtes d'entre eux rêvent maintenant de la réforme économique fédérale! Ah! ce bon La Châtre! le bon billet qu'il tient toujours! Les habiles, ceux qui voient les choses comme elles sont, rêvent, eux, d'un bouleversement général qui les doit tirer enfin de leur misère et de leur obscurité! Naïfs ou non, allez misérables! allez d'assommoirs en assommoirs,

(1) Hercule présidait à la découverte des trésors.

promener vos rêves de rénovation sociale ! Cependant adonnez-nous à la grande Consolatrice, au Christ matérialiste, à l'Absinthe ! L'oubli vous réclame ! la fosse commune vous attend ! Le quartier latin c'est l'antichambre de la morgue ! Combien y sont venus, légers d'argent, riches d'espérance et de courage, assez souvent même de talent, qui maintenant dorment dans le linceul de leur jeunesse et de leurs espérances, rigides, décolorés, glacés, tombés vaincus dans l'arène, comme le gladiateur antique ! *Ave Gloria ! morituri te salutant !* Déjeunant d'un vers d'absinthe, dinant d'une cigarette, ils ont vu enfin la *phthisie* galopante mettre un terme à leurs déceptions et à leurs souffrances. « Qui n'a rien, ne parvient à rien » ! Telle est la vérité lugubre que la dure expérience enfonce à la longue dans les moins pratiques esprits. Telle est la vérité que l'on devrait graver au frontispice du temple de l'Ambition, si cette misérable déesse mérite un temple ! Mais la fosse commune est avide ! la Seine insatiable : toujours des flots d'inconnus se succèdent comme dans un assaut aux rangs emportés par la fusillade et la mitraille! Moins heureuse qu'Athènes, la France paie tous les ans sa dette au Minotaure! *Ave Gloria morituri te salutant*!

Point d'appui à attendre de ceux qui mieux favorisés par la fortune et par la chance sont commodément assis au banquet de la vie! Petite est la place! Allons! laquais! écartez ces misérables! Nos parts sont déjà trop petites! Ceux qui persistent on cherche à les tuer par la calomnie, car la calomnie est à la démocratie ce que le fer est à l'aimant. C'est le poignard français! Il y a longtemps que Proudhon a dit: » la démocratie, c'est l'envie! » Dans la république athénienne n'était-on pas calomniateur comme l'on était ciseleur, menuisier, charcutier? (Voyez la vie de Nicias de Plutarque). Quand le sang des martyrs chrétiens eut vaincu le monde, les grands seigneurs qui les avaient calomniés, décapités, empalés, brûlés, devinrent cardinaux, de flamines qu'ils étaient. Quand bonne fut l'affaire, ils y entrèrent! Mais les fils des martyrs, eux, portèrent le bât comme devant! encore l'Eglise au moyen-âge a-t-elle fait un pape d'un simple berger:

la République actuelle n'a encore fait qu'un sénateur-ouvrier : le citoyen Tolain !

Si l'on pouvait déterminer en France un grand courant militaire, ce serait un débouché naturel pour les ingénieurs sans travaux, les poètes sans lecteurs, les artistes sans clientèle. Le feu sacré irait à l'armée ! Nous sommes noyés dans une marée de sculpteurs ; il y a tantôt, plus de peintres de genre, que de peintres en bâtiments. Où trouver assez de richesses pour leur faire un avenir à tous ? La France a-t-elle besoin de tant d'amuseurs ? La Prusse compte peu d'artistes, peu d'hommes de lettres, et c'est ce qui la rend si redoutable. Il est visible que la France n'a plus l'esprit militaire. Les rêves de paix universelle, de fraternité des peuples, les baisers Lamourette etc., dont on a bercé une vingtaine de générations ont porté leurs fruits. Les doux prétextes pour le bien-être et la lâcheté ! Mais à la longue l'on fait avec goût, ce que l'on ne fait d'abord que d'une fesse.

Quatre ans de services pour tous, avec d'incessants exercices suffiraient peut-être après la réforme de l'enseignement (1) à nous mettre à l'abri de l'invasion et du partage définitif. L'on pourrait aussi dans une raisonnable mesure augmenter les appointements des officiers.

La guerre est une sotte et laide chose. Tel artiste de Munich ou de Berlin, emporté par la fureur de la destruction, a déchiré d'un coup de sabre le modèle qu'il a pleuré de ne plus retrouver l'année suivante. Un lettré nourri dans la retraite des œuvres les plus délicates des anciens et des modernes, sans d'ailleurs aucune notion de l'histoire des peuples, reculerait assurément

(1) Je ne saurais trop insister sur la réforme de l'enseignement. Ne vaudrait-il pas mieux que les élèves entrassent par petits groupes dans les laboratoires, faisant eux-mêmes un certain nombre d'expériences, plutôt que d'apprendre par cœur au tableau tant de machines qu'ils ne reconnaissent pas quand on les leur présente ? A quoi bon pour un officier connaître la densité de tel ou tel gaz, la formule de tel ou tel acide organique, formule impossible à retenir d'ailleurs ? Une note littéraire peut éveiller dans la mémoire un souvenir agréable, doux, sublime. Mais que me sert d'avoir étudié des subtilités que je me suis empressé d'oublier ?

d'épouvante à la première lecture de cette histoire, incapable d'imaginer que des hommes aient jamais pu tuer des hommes ! Cependant il en est ainsi. L'homme est un animal qui se querelle et qui se bat. (Lord Palmerston). S'il est des caractères doux, des hommes qui font honneur à l'homme, comme Montécuculli le disait de Turenne, comme Pline-le-Jeune le disait des Athéniens (hominum homines maxime) il est des assassins de profession ! L'instruction obligatoire ne fera qu'atténuer le mal. L'homme n'est pas perfectible à l'infini. Il est sensiblement le même qu'il y a 3,000 ans. Le progrès se fait plutôt en largeur qu'en hauteur. Qu'apprendrait Titus Pomponius d'un homme de notre temps pour la douceur des relations et l'urbanité ? Rare était la culture intellectuelle à laquelle avaient atteint les Républiques grecques ! Qu'importe ! elle se déchiraient à belles dents aux yeux de l'ennemi commun ! D'ailleurs la guerre nous menace. Prenons nos précautions contre elle !

La guerre exige des vertus sans lesquelles tout peuple périt. La paix universelle serait peut-être un mal. L'homme ne semble pas fait pour ces hautes destinées ! C'est le cavalier de Rabelais ! il ne se relève d'un côté que pour tomber aussitôt de l'autre ! Désapprend-il le mépris de la fatigue et de la mort ? Le voilà soudain dans la mollesse et la débauche ! L'eau vive des rivières est pure ; non, l'eau dormante des marais. La Terre, sans la guerre serait bientôt trop petite. Mère de Saturne, comme lui, vous dévorez vos enfants ! Autant vaut la guerre après tout que la Famine et la Peste !

L'on a fait luire aux yeux des simples le mirage d'une parfaite égalité. Si jamais un coup de force l'établissait, la terre tomberait bientôt en friche ; et, là où les métiers bruissent, où les forges retentissent ; où marchands et ouvriers de toutes sortes, où professeurs, employés, artistes, de tout genre, de tout extérieur, vont, viennent, actifs, affairés semant partout la vie et le mouvement, règnerait bientôt le silence de la paresse et de la mort.

L'on a éveillé d'insatiables appétits ! N'est-il pas impossible de donner à tous santé, gloire et richesse ?. De même il faut bien se résigner à mourir ! Dans une forêt, toutes les plantes n'arrivent pas à leur juste hauteur. Beaucoup fécondent de leur mort le sol des autres ! Sans l'idée de Dieu, l'égalité serait possible ! Dieu est le mal, s'est écrié ce misérable sophiste de Proudhon ! Et de fait l'on a effacé la notion de Dieu de la plupart des consciences des ouvriers des villes : mais les a-t-on rendus plus heureux ? a-t-on satisfait à leurs ambitions ? leur a-t-on seulement donné le pain à meilleur compte ? non ! l'on a seulement muré les portes de l'enfer ! Vous avez dégrisé les masses dites-vous ! Mieux valait leur ivresse (puis qu'ivresse il y a) que ce que vous leur donnez ! Mais maintenant vous êtes au pouvoir ! Les masses dégrisées frappent à votre porte, attendant la réalisation du vieux programme. Elles ne l'ont pas oublié, elles ! Claude Bernard se confesse et communie avant de mourir ! Comme tout contemporain qui pense, il était plutôt vacillant que franc athée. Il prend son passeport pour l'éternité (un surcroit de précautions ne saurait nuire). Mais les ouvriers, qui écoutent les savants comme des oracles, deviennent vraiment athées. A leur lit de mort, ils ne capitulent pas ; ils croient tout d'une pièce, et détournent la tête, quand le prêtre vient leur offrir l'espérance d'une vie meilleure ! Millionnaires, qui avez joué de la guitare démocratique ! vous avez beau crier ; voilà les Gaulois ! voilà les Volsques ! » L'on n'attise pas impunément le feu ! Le peuple voudrait bien tâter un peu de tous ces bons vins, de tous ces mets succulents dont il ne sent que la fumée ! Que diable ! une fois n'est pas coutume ! d'autant que vous poussez trop loin le mépris de la charité ! on en jase dans les ateliers !

La négation de l'existence de Dieu mène droit à l'organisation du travail, à l'abolition de la concurrence, c'est--à-dire au néant, à la misère. Certes les abus de l'Eglise étaient monstrueux ! Les hommes gâtent tout ce qu'ils touchent. Mais voilà que les naïfs dont MM. About et Sarcey refusent de consoler les douleurs, les voilà dis-je qui se prennent *in-petto* à regretter le Christ consolateur, « Le bon Dieu » si voisin de l'homme, si présent, comme le disaient les anciens, ouvrant ses bras à tous, témoignage éclatant de sa dignité, enseigné par une suite non interrompue de 62 papes, au milieu de changements quotidiens, et universels ! — Nous « éléverons des temples au Dieu inconnu ! » disent les déistes. Mais pour prier avec ferveur « le Dieu inconnu » il faut avoir l'esprit de M. de Voltaire ou de M. Thiers. Quel paysan se promenant rêveur pendant la nuit lèvera les mains vers les étoiles en s'écriant : « telle est à moi ma manière de « dire la messe ! » — Nous répandrons l'instruction à flots, continuent-ils. -- A flots? en êtes-vous bien sûrs ? Quand tous sauront lire, écrire, compter, mettre l'orthographe, et connaîtront à peu près l'histoire de leur pays, je crois que vous aurez franchi les colonnes d'Hercule ! Aurez-vous pour cela rendu les hommes heureux? Aurez-vous pacifié l'âme humaine ? — Quand tous les hommes d'élite seront docteurs, il faudra bien que les bacheliers labourent la terre et fendent le bois. — L'expérience est redoutable ; dans l'histoire du monde elle n'a jamais été tentée. Prenez garde, M. Gréard, de faire périr la France par endosmose et exosmose. Avant la guerre il y avait à Paris 50,000 Allemands, l'on y en compte 100,000 actuellement. M. de Molkte n'aurait qu'à enrégimenter cette force pour donner bien du mal au futur défenseur de Paris. Beaucoup de bas métiers dans nos villes sont exercés par des Italiens et des Allemands. Les Français ne veulent plus se salir les mains. Dans les campagnes l'on ne sait comment enlever les récoltes. Vos bacheliers se feront professeurs de français à l'étranger, commis en vins. En tout cas, vous n'aurez point pacifié les âmes. En vain les positivistes nous crient-ils : « plus de métaphysique! elle ne mène à rien! » L'homme se pose invinciblement le problème de son existence et de ses destinées futures. M. Emilio Castelar n'est pas un ignorant et c'est un bon républicain. Il s'écriait naguère : « jamais l'on ne vit pareil temps d'angoisse depuis Jésus-Christ! L'humanité cherche son *credo* ! » Car c'est en vain, que M. Buckner et M. Haeckel, de leurs chaires grassement payées, répandent leurs poisons dans toute l'Allemagne (1) avec l'estampille

(1) Il parait que c'est son tour maintenant! Un saint qui n'encourt pas les foudres des athées c'est saint Frusquin.

officielle, et s'écrient : nous n'avons pas besoin de beurre sur notre tartine ! Nos adeptes font le bien pour le bien lui-même !! Le *vulgus* n'a point de ces sublimes indifférences ! il aime bien les tartines beurrées ! d'ailleurs nous jugerons à leur mort, M. Hæckel et M. Buckner eux-mêmes, car ce sont ceux qui nient la nécessité d'un culte qui en ont le plus besoin ! Dieu n'est qu'un mot ! s'écrie M. Yves Guyot, qui d'ailleurs n'a pas inventé celui-là, et la poésie a fait son temps ! Le chant est une déperdition de forces ! » N'est-ce pas que cela est admirable ? Plus de vers ! plus de musique ! plus de peintres ! plus de sculpteurs ! Le rossignol aussi est inutile ! lui tordrez-vous le cou ? j'espère bien mourir avant de vivre dans cette usine ! M. Zola de son côté va par un décret supprimer l'imagination ! Aussi bien voilà t-il longtemps que règne cette drôlesse ! Napoléon 1er reconnaissait son empire ! La République sera naturaliste ou elle ne sera pas ! dit-il, en faisant ainsi concorder modestement l'avénement de sa prose, sans idéal, avec l'avénement du régime qui en exige le plus. L'on peut répondre : la République sera pieuse sera religieuse ! ou vous ne tarderez pas à voir le tricorne de César apparaître à l'horizon L'on rirait de ces folies si la France ne pouvait pas être d'un jour à l'autre appelée à combattre. Car les peuples que l'athéisme n'a pas anéantis, renaissent aux viriles espérances. Ils traversent l'athéisme, ils ne s'y arrêtent pas ! or pour la lutte, il nous faut des soldats, et pour avoir des soldats il nous faut des croyants ! l'athée a le courage du suicide, il n'a pas celui de la fatigue. Un bon soldat doit tenir à sa vie pour la bien défendre et moins à la vie qu'à l'honneur. L'espérance d'une récompense après sa mort lui est nécessaire. Je parle pour tous en général. Il est des dévots poltrons et des athées indomptables ; l'exception confirme la règle ! Avec l'athéisme, la vie est la mesure de tout. Ce n'est pas St Protoplasma, ni Ste Monère qui conduiront les Français au feu ! Laquelle était forte, la génération croyante de Marathon ou la génération sceptique de Chéronée ? Ce qui fit la force de Rome, c'est sa piété. Horace, le sceptique, le reconnait en termes formels.

Dis te minorem quod geris; imperas!
Obéissez aux dieux pour commander au monde !

Mais nous ne ferons point la guerre ! oh ! le plaisant raisonnement ! Moins vous voudrez vous battre, et plus l'on vous battra ! Misérables sophistes que ceux qui proclament à la fois le principe de la lutte pour la vie et la fraternité des peuples !

Est-il contradictions plus éclatantes ?

La forme républicaine demande à l'homme une somme de vertus plus grande que le système monarchique. L'homme n'est pas perfectible à l'infini. Assurément, il n'est point parfait. Moins il est entouré de lisières matérielles, plus il lui est besoin de lisières morales. L'homme a de la peine, sous l'empire de la passion, à respecter le bien, et même la personne d'autrui ! — Nous ne manquerons ni de gendarmes, ni de tribunaux ! — Le gendarme céleste est le seul auquel la tentation ne croie pas pouvoir échapper. Tous les athées ne sont pas des assassins de profession, mais tous les assassins de profession sont athées.

Sans Dieu, il n'est plus ni conscience, ni loi morales ! il n'y a plus que des infirmes !

L'on ne saurait punir quelqu'un des fantaisies du protoplasma, de l'excitabilité des nerfs, des mouvements réflexes du cœur et du cerveau! Quel abîme! quel vertige!! M. Accolas raisonne bien en demandant que les criminels soient seulement enfermés dans des hôpitaux, mais les républicains qui l'approuvent raisonnent mal.

La religion est la première assise d'un gouvernement républicain et Dieu en est le premier magistrat. Les villes antiques vécurent libres tant qu'elles furent pieuses. Si Dieu n'existait pas, les républicains devraient l'inventer. Ne valait-il pas mieux, Romains, adorer Jupiter au Capitole que Caligula sur son trône? Qui dit « matérialisme! » dit : « César! » et l'homme adore un maître au ciel ou un ici!

La science en qualité de directrice de la vie humaine doit remplacer la religion! « Par la science, à la liberté! » Tel est le cri que profèrent aujourd'hui des milliers d'ignorants. Hé! personne plus que moi ne professe un respect profond pour la science humaine! Cette longue lutte contre les éléments, cette admirable mise en œuvre de matériaux difficiles à utiliser, ces étonnantes découvertes, tout cela est bien fait pour inspirer l'admiration ! Mais triomphons modestement ! Nos thermomètres à 30 pieds au-dessus du sol ne sont rien moins que des guides sûrs. La lune, il y a quelques 20 ans, ne comptait pas d'atmosphère; elle en compte une maintenant. Nos médecins avec leurs instruments compliqués laissent mourir leurs malades comme devant.

La science actuelle ne ressemble pas à la science d'il y a 20 ans. Et que de choses seront répudiées dans 20 ans qui sont certaines aujourd'hui ! L'homme croit savoir quelque chose, dit excellemment Bossuet, mais il ne sait jamais rien ! Donc, ne vous enflez point la bouche de ce mot de science, surtout pour étayer ou renverser des choses qui n'ont guère de rapports avec celles qu'il désigne ! car, comment la science proprement dite, peut-elle rendre les hommes plus vertueux ? Les mathématiques, les sciences dites naturelles, auraient-elles des propriétés curatives ? L'on peut dire d'un homme qui étudie avec passion, qu'il est moins que l'oisif exposé aux occasions. Les

Muses sont chastes, a-t-on dit. C'est comme si l'on disait qu'elles sont sobres. Napoléon 1er qui a versé le sang de tant de milliers d'hommes, savait beaucoup de mathématiques. Elles ne l'ont pas rendu humain. Il y a longtemps qu'Epicure a conseillé aux hommes de ne pas trop manger s'ils voulaient éviter les indigestions, de ne pas trop boire, s'ils ne voulaient glisser dans l'ivresse et ses erreurs, de ne pas ambitionner la richesse ou les honneurs s'ils se voulaient garder du trouble des passions. Pourrons-nous tirer d'autres leçons d'une plus minutieuse étude des lois de la physiologie ? (1).

Une étude superficielle de la nature conduit l'homme au scepticisme. Peu de science éloigne de Dieu, beaucoup y ramène, a dit Pascal. C'est une vérité que proclame en beaux vers le cardinal de Polignac. Oui, si Montesquieu a pu écrire que Dieu se dérobe aux yeux des savants parce qu'ils sont orgueilleux, pour se montrer aux yeux des

(1) Est-ce que les gens qui détériorent leur estomac en buvant des flots d'absinthe ignorent tous qu'ils se font bien du mal en agissant de la sorte ? Jamais la biologie de M. Laffite ne remplacera la crainte d'un châtiment.

simples, c'est que les savants dont il parle ont des yeux pour ne point voir. La vue continuelle des merveilles qui nous entourent nous les rend indifférentes. Ainsi *les rêveurs* passent cent fois le front baissé dans la même rue et font mille découvertes si d'aventure ils le relèvent! Le mécanisme de l'appareil digestif montre un être organisateur. La Nature à laquelle les matérialistes octroient le rôle de Dieu, la Nature n'est qu'un mot! Si c'est la Nature qui ramène le sang vicié par la digestion respiratoire à l'aide des veines dans les poumons, pour qu'il s'y rajeunisse au contact de l'oxygène de l'air, n'hésitons pas! la nature est intelligente! la nature est Dieu! Seul encore un être intelligent a pu attacher un plaisir à la reproduction des espèces! Ah! il connaissait bien les égoïstes créatures échappées de ses mains!

Qui a dit au Nepenthès des tropiques de distiller l'eau de la nuit à l'usage des naufragés du grand désert? Qui a enseigné la pêche à la ligne à la baudroie? Je ne dis pas: qui a doré l'aile du papillon, qui a allumé le ver luisant, qui a nuancé la rose et ses couleurs ? Il est des vérités rebattues qui ne convainquent plus. Cependant, en philosophie, les plus vieux arguments sont les meilleurs ! Mais le palmier mâle féconde sa femelle à des distances énormes ! mais la rue relève successivement contre son pistil chacune de ses huit ou dix étamines, pour les laisser ensuite retomber et reprendre le rang qu'elles occupaient précédemment sur le disque floral ! Mais l'on voit des arbres rapprocher leurs branches pour rapprocher leurs fleurs ! Si l'on peut à la rigueur expliquer les actes de la sensitive et de la mimosa par les lois de la mécanique, que dire de cette plante dont le nom m'échappe et qui sur le point de disparaître, incline sa tige, entr'ouvre la terre de son dur cactus, y dépose ses graines à l'abri des vents et des pluies, et meurt, ayant pour ainsi dire, fait son testament et pourvu ses enfants ? Que si, cette plante incline sa tige à raison de l'inflexion qu'impose le poids des graines à la tige débile qui va mourir, pourquoi le cactus entr'ouvre-t-il toujours le sol ? Si l'acte de cette plante n'est pas raisonné, il lui est assurément imposé par une intelligence, conservatrice du monde. Au contraire, il semble bien que c'est une des mauvaises puissances de l'infini qui s'est avisée d'aller placer du venin dans deux des crochets du crotale ? Le hasard eut-il jamais commis cette perfidie ? Quels phénomènes étranges ne nous présentent pas les Protozoaires, la Vauchérie, la sphaeron plea annulina ? Ecoutez d'après M. Ed. Grimard l'histoire de la Wallisnérie et dites-moi si le hasard est capable de tant de choses « Son histoire, la voici en deux mots. Elle vit tout au fond de l'eau, de l'eau tranquille et stagnante des canaux du midi de la France, qu'elle affectionne tout particulièrement, et puis elle est dioïque, comme les dattiers, dont vous vous rappelez peut être la fécondation si curieuse, c'est-à-dire que ses fleurs à pistils ne sont pas situées sur le même pied que ses fleurs à étamines. Or ces dernières, attachées à un pédoncule très court et de plus étroitement enfermées dans une spathe, sont retenues au fond de l'eau, tandis que les fleurs à pistils terminent de longues tiges tordues en spirale, élastiques, qui, selon le niveau des eaux de la rivière ou du canal, s'allongent ou se raccourcissent.

Eh bien, voici ce qui arrive à l'époque de la fécondation. Alors que les fleurs pistillées de notre Vallisnérie, déroulant toute grande la spirale de leur pédoncule, viennent à la surface des eaux flotter languissantes et solitaires, tandis que tout au fond demeurent enchaînées et prisonnières les pauvres fleurs à étamines.... que vous dirai-je ? une sorte de prodige s'accomplit.

Vous savez, n'est ce pas ? qu'il existe dans la nature une loi, une force, un instinct dont on ne connaît ni la cause, ni même le nom, (1) un je ne sais quoi d'incompréhensible qui pousse les uns vers les autres, et avec une concordance vraiment prodigieuse, les divers éléments que la vie fait agir ; qui, juste au jour nécessaire, détermine les migrations des oiseaux, envoie l'Abeille et le Colibri vers la fleur dont ils doivent emporter le pollen, et fait, ici, se relever les étamines trop basses, tandis que, là-bas, le pistil trop élevé s'incline. Eh bien, c'est

---

(1) Ce nom est « Dieu »

cette puissance énigmatique qui, pour notre Vallienérie, intervient à cette heure et produit des merveilles. Dans la spathe des fleurs submergées un court pédoncule se brise, la spathe elle-mène se déchire, les fleurs prisonnières s'échappent. Frémissantes, elles montent, jaillissent de la surface des eaux comme une poignée de perles blanches, nagent au soleil autour des fleurs pistillées, les enveloppent de leurs flottantes légions, les couvrent de la poussière de leurs étamines, puis, cette œuvre accomplie, s'abandonnent aux courants invisibles, disparaissent et s'envont mourir au loin dans quelque anse isolée, tandis que les spirales élastiques, contractées et raccourcies, ramenent sous les eaux profondes les fleurs pistillées, dont les graines n'ont désormais plus qu'à mûrir.»

Tous ces phénomènes du régne végétal, non pas plus curieux, à vrai, dire que ceux du monde animal, mais moins connus, et plus propres à provoquer la réflexion des hommes de mon temps, il me semble qu'ils laissent voir ou du moins entrevoir à l'homme la Grande Intelligence qui nous gouverne. Ce sont des portes entrebaillées sur l'Infini où nous serons demain.

Nous pénétrons de plus en plus dans les mystérieuses horreurs de la création. A d'autres générations également incrédules Dieu présentera d'autres phénomènes également convaincants. Dieu n'est jamais atteint par notre science tout ensemble sublime et ridicule. Il est irréductible ! Tous les méridiens l'aperçoivent sous un angle différent. Le plan du monde ne nous apparait plus comme le caprice fortuit d'un despote mais comme la lente élaboratum d'un artiste (*Res seria*).

M. Soury se raille vainement des philosophes spiritualistes qui lui demandent comment Newton a pu sortir du Néant, en leur disant que la nature n'a pas créé un homme, un singe, voire un animal quelconque, mais seulement des cellules. Je ne vois rien pour moi de plus étonnant que cette cellule dont Newton est enfin sorti pour mesurer le monde : Ces cellules, dit M. Soury, sont le résultat de mille combinaisons de la Nature. Dans ce cas la Nature est intelligente, elle est Dieu ! Dans le cas contraire, ce sont trop de hasards accumulés !

Il est de mode de rire de la métaphysique. Si vous voyez, dit Voltaire, deux personnes qui parlent sans aucunement s'entendre, c'est qu'elles parlent de métaphysique. L'on peut en dire autant de la politique. Mais ces deux personnes parlent de choses qu'elles n'ont fait qu'effleurer, à la mode des Français. Peut-être même ont-elles oublié de définir les termes qu'elles emploient.

L'autorité du bon-sens est épuisée quand elle nous a garanti celle de la raison. Le bon sens reconnaît aussi pleinement cette vérité « je pense ! » que cette autre : « le plus court chemin d'un point à un autre est la ligne droite. » Dès lors, ou la raison n'est rien, ou elle peut tirer de cet axiôme, toutes les vérités qui en découlent (1).

Si la raison n'est rien, il nous faut re-

(1) J'avoue ne point faire cas du fameux axiôme de Descartes « je pense, donc je suis ! » car aucun homme ne met en doute la réalité de sa propre existence, sans contester l'autorité de la raison ; et dès lors les bases manquent pour discuter avec lui. C'est un Pyrrhonien !

tourner à l'extase des philosophes alexandrins, car les prétendues *observations* de la science sont fondées sur rien.

Mais l'humaine raison n'est-elle rien?

Hé l'ami ! vous me dites : la pensée est la digestion du cerveau ! C'est substituer une question à une autre. Qu'est-ce que la digestion du cerveau? Par la chambre obscure de l'œil, l'image de l'objet vient en se renversant frapper la rétine. Mais comment la pensée se produit-elle? Qu'est-ce que cette digestion, si digestion il y a ? Mystère ! dites-vous ! mystère pour mystère ! je préfère à une négation désolante une consolante affirmation.

Mais la raison n'est-elle rien ?

Les vérités des mathématiques sont des vérités non-seulement pour tous les hommes de notre temps, mais elles n'ont pas cessé d'être regardées comme telles depuis et même avant Archimède ! Les figures réalisant les calculs les plus abstraits sont exactes, lorsqu'on les mesure au compas ; les machines construites d'après les principes de la mécanique rationnelle, fonctionnent régulièrement ; l'observation des phénomènes célestes vérifie les calculs astronomiques ; et si d'aventure, il y a erreur, c'est que l'un des éléments du problème était inconnu du calculateur.

Partout, en métaphysique, de même que dans le domaine de la politique, c'est plutôt la méthode qui fait défaut à la raison que la raison à l'homme ! « Sur cent personnes « il n'y en a qu'une qui ait l'esprit droit ; « c'est celle qui pense comme nous ! » Sans doute, mais le tout n'est pas d'avoir de l'esprit, mais d'avoir l'esprit bon, et de savoir s'en servir. Si les hommes s'accordent à reconnaître certaines vérités prouvées d'ailleurs par l'expérience et le dessin, c'est que les stries et les cases du cerveau malgré leur désordre apparent sont disposées d'après un plan. Or ce plan suppose une intelligence organisatrice. Direz-vous que ce plan est un effet du hasard, ou d'une loi de la nature? Le hasard commettrait des erreurs ; les uns verraient des lignes courbes, là où les autres verraient des lignes droites. Il est des fous ! sans doute ! mais ils sont malades ; des cases de leur cerveau sont obstruées, ne fonctionnent plus ; l'âme est privée de ses instruments : La Nature agit simplement. Un fleuve descend d'une haute montagne, s'acheminant vers les régions basses. Rien là, je l'avoue, ne me porte à rechercher le travail d'une intelligence organisatrice. C'est un effet de la pesanteur. De même aussi j'admets que dans le chaos primitif, l'hydrogène et l'oxygène, en vertu des lois de l'attraction, ont pu se combiner et donner naissance à l'eau. Je ne recherche pas en ce moment comment ces agens sont sortis du néant ; je laisse de côté toutes dissertations sur l'Etre, le non-moi, la substance, toutes choses dont vous riez. Le soleil volatilise l'eau ; le voici sous forme de nuée, dans le ciel d'un pays chauffé à blanc par le soleil ; un vent froid souffle amené précisément des pôles par l'intensité de la chaleur ; la nuée tombe sous forme de pluie, rafraichit et féconde le sol. Le hasard a bien fait les choses. Qu'importe ! je ne répugne pas à ne voir là que l'effet, de lois naturelles. Mais songez donc aux complications, à la délicatesse, à la précision du cerveau, qui comprend, imagine ; retient même des notions abstraites. Non ! ce n'est pas une loi naturelle ni même plusieurs lois naturelles qui ont si savamment arrangé les molécules et les stries dans l'ordre voulu et les ont placées sur les épaules de l'homme, comme en leur lieu naturel ! Autant vaudrait dire que le phonographe est l'œuvre du hasard. Je crois que le 20e siècle sera profondément et scientifiquement religieux.

FIN.

www.ingramcontent.com/pod-product-compliance
Ingram Content Group UK Ltd.
Pitfield, Milton Keynes, MK11 3LW, UK
UKHW020251250726
13967UKWH00004B/1622

9 782011 616494